Hagen Law School
Fachanwaltslehrgänge

Herausgegeben von
Prof. Dr. Katharina Gräfin von Schlieffen
Prof. Dr. Gabriele Zwiehoff

Annette Warsönke

Besteuerungsverfahren I – Feststellungs- und Festsetzungsverfahren

5. überarbeitete Auflage

Stand: 2022

HWV

HAGENER WISSENSCHAFTSVERLAG

Bibliografische Information der Deutschen Nationalbibliothek

Die Deutsche Nationalbibliothek verzeichnet diese Publikation in der
Deutschen Nationalbibliografie; detaillierte bibliografische Daten sind im
Internet über http://dnb.d-nb.de abrufbar.

ISBN 978-3-7321-0546-5

Die Autorin:

*Annette R. Warsönke war viele Jahre als Rechtsanwältin und Fachanwältin für
Steuerrecht tätig. Die Autorin ist als „Freie Lektorin ADB" (Akademie des Deutschen Buchhandels) zertifiziert, Mitglied im VFLL (Verband freier Lektorinnen
und Lektoren) und arbeitet schwerpunktmäßig als wissenschaftliche Fachlektorin
im Bereich Steuer- und Wirtschaftsrecht. Sie ist zudem Autorin verschiedener
juristischer Publikationen, unter anderem für die Reihe „leicht gemacht" zu den
Themen Abgabenordnung, Einkommensteuer, Körperschaftsteuer und Steuerstrafrecht.*

© 2022 HWV • HAGENER WISSENSCHAFTSVERLAG,
in der iuria GmbH
Bredelle 53, 58097 Hagen
E-Mail: kontakt@hwv-verlag.de, Internet: www.hwv-verlag.de

Inhalt

Teil 1 Allgemeine Grundsätze 16

A. Pflichten der Finanzbehörde 16

   I.   Besteuerungsgrundsätze (§ 85 AO) 16

      1. Gesetzmäßigkeit der Besteuerung 16

      2. Gleichmäßigkeit der Besteuerung 16

      3. Konkretisierung (§ 85 Satz 2 AO) 17

   II. Untersuchungsgrundsatz (§ 88 AO) 17

   III. Beratung, Auskunft (§ 89 AO) 17

   IV. Anhörung der Beteiligten (§ 91 AO) 18

B. Pflichten der Beteiligten 18

   I.   Allgemeine Mitwirkungspflichten (§ 90 AO) 18

   II. Mitwirkungspflichten im Besteuerungsverfahren 19

      1. Buchführungs- und Aufzeichnungspflichten

         (§§ 140 ff. AO) 19

      2. Abgabe der Steuererklärungen (§§ 149 ff. AO) 20

      3. Berichtigung von Erklärungen (§ 153 AO) 20

Teil 2 Festsetzungsverfahren (§§ 155 ff. AO) 21

A. Grundsätzliches zum Steuerbescheid
  (§ 155 Abs. 1 Satz 1 AO) 21

   I.   Schriftform 22

   II. Notwendige Bestandteile 22

      1. Erlassende Behörde 23

      2. Unterschrift 23

      3. Besonderheiten bei der elektronischen

         Kommunikation 23

      4. Festgesetzte Steuer nach Art, Zeitraum und Betrag ... 23

      5. Steuerschuldner 24

   III. Sonstige Bestandteile 24

      1. Rechtsbehelfsbelehrung 24

    2. Begründung/Erläuterungen 24
IV. Leistungsgebot und Steuerabrechnung 25
V. Automationsgestützte Steuerbescheide 25
    1. Automationsgestützt 25
    2. Einzelfallbearbeitung durch Amtsträger 26
B. Steuerbescheide sind auch 27
  I. Freistellungsbescheide
    (§ 155 Abs. 1 Satz 3 Halbsatz 1 AO) 27
  II. Ablehnungsbescheide
    (§ 155 Abs. 1 Satz 3 Halbsatz 2 AO) 28
  III. Zusammengefasste Steuerbescheide
    (§ 155 Abs. 3 Satz 1 AO) 28
C. Sinngemäße Anwendung der Vorschriften über
  die Steuerfestsetzung 29
D. Schätzbescheide (§ 162 AO) 29
  I. Grundsätzliches 29
  II. Fallgruppen der Schätzung 30
    1. Unzureichende Aufklärungen
    (§ 162 Abs. 2 Satz 1 AO) 30
    2. Fehlerhafte Buchführung (§ 162 Abs. 2 Satz 2 AO) ... 31
    3. Auslandsbezug (§ 162 Abs. 3 AO) 31
    4. Grundlagenbescheide (§ 162 Abs. 5 AO) 31
  III. Grundsätze und Methoden der Schätzung 32
    1. Vollschätzung 32
    2. Teilschätzung/Ergänzungsschätzung 33
    3. Schätzung durch Vergleich 33
    4. Hinzuschätzung bei Auslandsbezug 33
E. Zuschläge 34
  I. Verspätungszuschlag (§ 152 AO) 34
    1. Zeitlicher Anwendungsbereich des
    § 152 AO a. F. und n. F. 34
    2. Verspätungszuschlag für Steuererklärungen,
    die bis zum 31. Dezember 2018 abzugeben sind
    (§ 152 AO a. F.) 35
    a) Entschuldbares Versäumnis 35
    b) Höhe des Verspätungszuschlags 36
    c) Ermessen 36

      aa) § 152 Abs. 2 Satz 2 AO a. F. 36

      bb) Zu beachtende Kriterien 36

      cc) Gewichtung der Kriterien 37

      dd) Beispiele 37

   3. Verspätungszuschlag für Steuererklärungen, die
     ab dem 1. Januar 2019 abzugeben sind
     (§ 152 AO n. F.) 38

    a) Entschuldbares Versäumnis 38

    b) Pflicht zur Festsetzung des
      Verspätungszuschlags in bestimmten Fällen 38

      aa) Nach 14 Monaten 39

      bb) Nach 19 Monaten 39

      cc) Zu einem durch Anordnung bestimmten
          Zeitpunkt 39

    c) Ausnahme zur Festsetzungspflicht des
      Verspätungszuschlags in bestimmten Fällen 41

    d) Verspätungszuschlag bei mehreren Beteiligten 41

    e) Höhe des Verspätungszuschlags 42

      aa) Grundsatz: mindestens 10 Euro 42

      bb) Jahressteuererklärungen:
          mindestens 25 Euro 42

      cc) Erstmalige Aufforderung zur Abgabe 42

      dd) Steueranmeldungen 42

      ee) Nichtabgabe der Steuererklärung 43

      ff) Maximaler Zuschlag 43

    f) Verbundener Bescheid 43

    g) Aufhebung oder Änderung der
      Steuerfestsetzung 43

      aa) Aufhebung 43

      bb) Änderung 43

      cc) Verlustrücktrag 44

  II. Zuschlag bei Pflichtverletzungen mit Auslandsbezug
     (§ 162 Abs. 4 bzw. 4a AO) 44

F. Noch nicht endgültige Steuerfestsetzung 45

  I. Nachprüfungsvorbehalt (§ 164 AO) 45

   1. Voraussetzungen 45

    a) Steuerfestsetzung 45

    b) Keine abschließende Prüfung..............................46

    c) Ohne Begründung 46

    d) Ermessen..46

2. Behördlicher Vorbehalt oder Vorbehalt kraft
Gesetzes 47

3. Wirkungen des Nachprüfungsvorbehalts 47

    a) Aufhebung oder Änderung von Amts wegen 47

    b) Aufhebung oder Änderung auf Antrag des
       Steuerpflichtigen 47

4. Geänderter Steuerbescheid 47

    a) Steuerfestsetzung unter Vorbehalt kraft
       Vermerks..48

    b) Steuerfestsetzung unter Vorbehalt kraft
       Gesetzes..48

5. Beendigung des Nachprüfungsvorbehalts 48

    a) Aufhebung 48

       aa) Behördlicher Vorbehalt 48

       bb) Außenprüfung 49

    b) Wegfall 49

6. Einspruch 49

    a) Grundsätzliches...49

    b) Änderungsbescheide 50

    c) Ablehnungsbescheide 50

II. Vorläufige Festsetzung – Aussetzung der
Steuerfestsetzung (§ 165 AO) 50

1. Voraussetzungen 50

    a) Steuerfestsetzung...50

    b) Ungewissheit über Steuerentstehung...................50

       aa) Tatsächliche Ungewissheit
          (§ 165 Abs. 1 Satz 1 AO) 51

       bb) Rechtliche Ungewissheit
          (§ 165 Abs. 1 Satz 2 AO) 51

    c) Ermessen..52

       aa) Vorläufigkeitsvermerk 52

       bb) Aussetzung...52

    d) Begründung 52

2. Wirkungen der vorläufigen Festsetzung....................53

a) Vorläufigkeit, soweit die Ungewissheit reicht.........53

b) Mitberichtigung von materiellen Fehlern 53

3. Änderungsbescheid...53

4. Beendigung der Vorläufigkeit....................................54

5. Einspruch..54

G. Festsetzungsverjährung..55

I. Anwendbarkeit 55

II. Festsetzungsfrist (§ 169 AO)..56

1. Dauer der Festsetzungsfrist (§ 169 Abs. 2 AO) 56

a) Grundsätzliches...56

b) Verlängerung der Frist bei Steuerdelikten 56

aa) Tatbestandsvoraussetzungen.......................57

bb) Strafgerichtliches Verfahren 57

cc) Handelnde Person..57

dd) Teilverjährung möglich.................................58

ee) Erbfall 58

2. Wahrung der Festsetzungsfrist
(§ 169 Abs. 1 Satz 3 AO) 59

III. Beginn der Festsetzungsfrist (§ 170 AO) 59

1. Beginn mit Steuerentstehung – Grundsatz
(§ 170 Abs. 1 AO) 59

2. Anlaufhemmung – Sonderregelungen
(§ 170 Abs. 2 bis 5 AO)..60

a) Steuererklärung, Steueranmeldung, Anzeige
(§ 170 Abs. 2 Satz 1 Nr. 1 AO) 61

b) Steuerzeichen, Steuerstempler
(§ 170 Abs. 2 Satz 1 Nr. 2 AO) 62

c) Verbrauchsteuern (§ 170 Abs. 2 Satz 2 AO) 62

d) Nur auf Antrag festgesetzte Steuern oder
Steuervergütungen (§ 170 Abs. 3 AO) 62

e) Vermögensteuer oder Grundsteuer
(§ 170 Abs. 4 AO)...62

f) Erbschaft- und Schenkungsteuer
(§ 170 Abs. 5 AO)...62

g) Bestimmte Nicht-EU-Kapitalerträge
(§ 170 Abs. 6 AO)...62

    h) Bestimmte Drittstaatengesellschaften
       (§ 170 Abs. 7 AO) 63

    i) Rückwirkende Ereignisse
      (§ 175 Abs. 1 Satz 2 AO) 63

IV. Ablaufhemmung (§ 171 AO) 63

  1. Höhere Gewalt (§ 171 Abs. 1 AO) 64

  2. Offenbare Unrichtigkeit (§ 171 Abs. 2 AO) 64

  3. Antrag des Steuerpflichtigen (§ 171 Abs. 3 AO) 65

  4. Einspruch oder Klage (§ 171 Abs. 3a AO) 66

    a) Hemmung durch zulässigen Rechtsbehelf 66

    b) Kassatorische Entscheidungen 67

  5. Außenprüfung (§ 171 Abs. 4 AO) 67

    a) Prüfungsanordnung 67

    b) Verschiebung des Prüfungsbeginns 68

    c) Unterbrechung der Außenprüfung 69

    d) Auswirkungen der Außenprüfung auf die
      Festsetzungsfrist 70

      aa) Hemmung der Festsetzungsfrist 70

      bb) Spätestes Ende der Festsetzungsfrist 70

  6. Ermittlung der Besteuerungsgrundlagen durch
    Zollfahndungs- oder Steuerfahndungsstellen
    (§ 171 Abs. 5 AO) 70

    a) Ermittlung der Besteuerungsgrundlagen 70

    b) Bekanntgabe des Steuerstraf- oder
      Bußgeldverfahrens 71

    c) Umfang der Ablaufhemmung 71

    d) Verhältnis zur Ablaufhemmung nach
      § 171 Abs. 9 AO 71

  7. Außenprüfung im Geltungsbereich der
    Abgabenordnung nicht durchführbar
    (§ 171 Abs. 6 AO) 72

  8. Steuerhinterziehung oder leichtfertige Verkürzung
    (§ 171 Abs. 7 AO) 72

    a) Steuerhinterziehung 73

      aa) Steuerhinterziehung 73

      bb) Besonders schwerer Fall der
         Steuerhinterziehung 73

    b) Leichtfertige Steuerverkürzung 73

    9. Aussetzung der Festsetzung oder vorläufige
       Festsetzung (§ 171 Abs. 8 AO)....................................73

    10. Berichtigung der Steuererklärung durch den
        Steuerpflichtigen oder Selbstanzeige
        (§ 171 Abs. 9 AO) 74

    11. Grundlagenbescheid (§ 171 Abs. 10 AO) 74

       a) Bindender Grundlagenbescheid..............................74

       b) Nicht bindender Grundlagenbescheid 75

    12. Datenübermittlung durch Dritte
        (§ 171 Abs. 10a AO) 75

    13. Geschäftsunfähige oder beschränkt geschäftsfähige
        Person ohne gesetzlichen Vertreter
        (§ 171 Abs. 11 AO)...76

    14. Steuer gegen Nachlass (§ 171 Abs. 12 AO)...............76

    15. Steueranmeldung im Insolvenzverfahren
        (§ 171 Abs. 13 AO) 76

    16. Steueranspruch im Zusammenhang mit
        Erstattungsanspruch (§ 171 Abs. 14 AO) 76

    17. Dritter ist steuerentrichtungspflichtig
        (§ 171 Abs. 15 AO) 77

  V.   Bescheid nach Verjährung 77

Teil 3 Feststellungsverfahren (§§ 179 ff. AO)................................79

A. Grundsätzliches 79

  I.   Adressat(en) des Feststellungsbescheids (§ 179 AO) 79

    1. Ein Beteiligter (§ 179 Abs. 2 Satz 1 AO) 79

    2. Mehrere Beteiligte...80

       a) Gesonderte Feststellung einheitlich
         (§ 179 Abs. 2 Satz 2 AO)..80

       b) Besondere gesonderte Feststellung
         (§ 179 Abs. 2 Satz 3 AO)..80

  II.   Ergänzungsbescheid (§ 179 Abs. 3 AO) 81

    1. Unterbliebene Feststellung..81

    2. Kein Ermessen 82

B. Gesonderte Feststellung von Besteuerungsgrundlagen...........82

  I.   Gesonderte Feststellung gemäß § 180 AO.....................82

1. Einheitswerte und Grundsteuerwerte nach Maßgabe des Bewertungsgesetzes (§ 180 Abs. 1 Nr. 1 AO) 83
2. Einkünfte nach Körperschaft- und Einkommensteuergesetz und andere Besteuerungsgrundlagen (§ 180 Abs. 1 Nr. 2 lit. a AO) 83
   a) Gemeinschaftlich erzielte Einkünfte 84
   b) Sonderbetriebseinnahmen und -ausgaben, Sonderwerbungskosten 84
   c) Sonstige Besteuerungsgrundlagen 84
3. Einkünfte aus Land- und Forstwirtschaft, Gewerbebetrieb, freiberuflicher Tätigkeit (§ 180 Abs. 1 Nr. 2 lit. b AO) 85
   a) Wohnort nicht Betriebs- oder Tätigkeitsort 85
   b) Maßgebliche Verhältnisse 85
   c) Nicht alle Einkünfte aus selbständiger Arbeit 85
   d) Einkünfte in mehreren Gemeinden 86
   e) Örtliche Zuständigkeit 86
4. Ausnahmeregelungen 86
   a) Nur ein Beteiligter steuerpflichtig (§ 180 Abs. 3 Satz 1 Nr. 1 AO) 86
   b) Fall geringer Bedeutung (§ 180 Abs. 3 Satz 1 Nr. 2 AO) 86
   c) Feststellung der Ausnahmen durch Bescheide (§ 180 Abs. 3 Satz 2 und 3 AO) 87
   d) Arbeitsgemeinschaften (§ 180 Abs. 4 AO) 87
5. Verordnung über die gesonderte Feststellung von Besteuerungsgrundlagen für Einkommen-, Körperschaft- und Umsatzsteuer (§ 180 Abs. 2 AO) .. 88
   a) Anwendbarkeit 88
   b) Gegenstand, Umfang und Voraussetzungen der Feststellung 88
   c) Weitere Regelungsbereiche der Verordnung 89
6. Weitere Anwendungsfälle 89

      a) Progressionsvorbehalt bei
      Doppelbesteuerungsabkommen
      (§ 180 Abs. 5 Nr. 1 AO) 89
      b) Anrechnungsbeträge (§ 180 Abs. 5 Nr. 2 AO) 89
  II. Gesonderte Feststellung nach Einzelgesetzen 90
  III. Besonderheiten zur ertragsteuerlichen Organschaft:
     Feststellungsverfahren nach § 14 Abs. 5 KStG 90
C. Verfahrensvorschriften für die gesonderte Feststellung
  (§ 181 AO) 91
  I. Anwendbarkeit der Vorschriften über die Besteuerung....91
  II. Feststellungsfrist 91
  III. Erklärungspflicht (§ 181 Abs. 2 AO) 92
    1. Erklärungspflichtige Personen 92
    2. Verspätungszuschlag....................................92
      a) Für vor dem 1. Januar 2019 einzureichende
      Erklärungen 92
      b) Für nach dem 1. Januar 2019 einzureichende
      Erklärungen 92
      aa) Personenkreis 92
      bb) Höhe des Zuschlags...............................93
  IV. Elektronische Übermittlung (§ 181 Abs. 2a AO)..............93
  V. Feststellungsfrist bei Einheitswerten und
    Grundsteuerwerten (§ 181 Abs. 3 AO) 94
    1. Beginn Feststellungsfrist (§ 181 Abs. 3 Satz 1 AO)....94
    2. Beginn Feststellungsfrist bei einzureichender
      Erklärung (§ 181 Abs. 3 Satz 2 AO)......................94
    3. Beginn Feststellungsfrist für weitere
      Feststellungszeitpunkte (§ 181 Abs. 3 Satz 3 AO)......94
    4. Erstmalige Anwendung des Einheitswertes oder
      Grundsteuerwertes (§ 181 Abs. 4 AO) 95
  VI. Feststellung und Festsetzung 95
    1. Feststellung nach Fristablauf.........................96
    2. Keine Hemmung der Festsetzungsfrist.....................96
    3. Hinweispflicht...96
    4. Möglichkeiten der Fristwahrung..........................96
D. Wirkung der gesonderten Feststellung (§ 182 AO).................97
  I. Bindungswirkung..97

    1. Allgemeine Bindungswirkung
       (§ 182 Abs. 1 Satz 1 AO) 97

    2. Anzurechnende Steuerabzugsbeträge und
       Körperschaftsteuer (§ 182 Abs. 1 Satz 2 AO) 97

    3. Einheitswerte (§ 182 Abs. 2 AO) 98

  II. Korrektur unrichtiger Bezeichnungen
      (§ 182 Abs. 3 AO) 98

E. Empfangsbevollmächtigte bei der einheitlichen Feststellung
   (§ 183 AO) 99

  I. Intakte Gesellschaft oder Gemeinschaft 100

    1. Gemeinsamer Empfangsbevollmächtigter
       (§ 183 Abs. 1 Satz 1 AO) 100

    2. Gemeinsamer Empfangsbevollmächtigter nicht
       vorhanden (§ 183 Abs. 1 Satz 2 AO) 100

    3. Aufforderung zur Benennung
       (§ 183 Abs. 1 Sätze 3 bis 5 AO) 101

  II. Gestörte Gesellschaft oder Gemeinschaft
      (§ 183 Abs. 2 Satz 1 AO) 101

    1. Vorgehensweise bei Einzelbekanntgabe
       (§ 183 Abs. 2 Satz 2 AO) 101

    2. Berechtigtes Interesse (§ 183 Abs. 2 Satz 3 AO) 101

    3. Empfangsbevollmächtigter (§ 183 Abs. 3 AO) 102

  III. Ehegatten/eingetragene Lebenspartner und Kinder
      (§ 183 Abs. 4 AO) 102

    1. Grundsatz: Gemeinsame Bekanntgabe 102

    2. Ausnahme: Einzelbekanntgabe 102

Teil 4 Erhebungsverfahren (§§ 218 ff. AO) 103

A. Verwirklichung von Steueransprüchen 103

B. Fälligkeit 104

  I. Fälligkeit nach Steuergesetzen 104

  II. Fälligkeit in sonstigen Fällen 104

  III. Stundung (§ 222 AO) 105

    1. Stundungsgründe 105

      a) Sachliche Stundungsgründe 105

      b) Persönliche Stundungsgründe 105

    2. Ausschluss der Stundung 106

      a) Steuer für Rechnung des Steuerpflichtigen 106

    b) Haftungsanspruch 106

C. Zahlung, Aufrechnung, Erlass 106

    I.   Zahlung 106

    II.   Aufrechnung (§ 226 AO) 106

    III. Erlass (§ 227 AO) 107

D. Zahlungsverjährung (§§ 228 ff. AO) 107

    I.   Verjährungsfrist 107

    II.   Beginn der Verjährung (§ 229 AO) 107

    III. Hemmung der Verjährung (§ 230 AO) 108

    IV. Unterbrechung der Verjährung (§ 231 AO) 108

    V.   Wirkung der Verjährung (§ 232 AO) 108

E. Verzinsung (§§ 233 ff. AO) 108

    I.   Zinsarten 109

    II.   Höhe und Berechnung der Zinsen (§ 238 AO) 109

    III. Verfassungsrechtliche Zweifel 109

    IV. Festsetzung der Zinsen (§ 239 AO) 110

F. Säumniszuschläge (§ 240 AO) 110

Teil 1
Allgemeine Grundsätze

A. Pflichten der Finanzbehörde

Bevor Steuern festgesetzt werden können, müssen erst Sachverhalte und Besteuerungsgrundlagen ermittelt werden.

Für die Finanzbehörden gelten hierbei insbesondere die nachfolgenden Grundsätze.

I. Besteuerungsgrundsätze (§ 85 AO)

1. Gesetzmäßigkeit der Besteuerung

Steuern sind nach Maßgabe der Gesetze (§ 4 AO) festzusetzen und zu erheben (§ 85 Satz 1 AO).

Das Legalitätsprinzip findet sich schon in Art. 2 GG, nach welchem in die Rechte von Personen nur aufgrund eines Gesetzes eingegriffen werden darf, sowie in Art. 20 Abs. 3 GG, welcher die Bindung der Exekutive an Recht und Gesetz statuiert.

2. Gleichmäßigkeit der Besteuerung

Steuern sind gleichmäßig festzusetzen und zu erheben (§ 85 Satz 1 AO).

Der Gleichheitsgrundsatz findet sich in Art. 3 Abs. 1 GG, nach welchem Gleiches gleich und Ungleiches ungleich zu behandeln ist.

Dadurch, dass er mit dem Legalitätsprinzip verbunden ist, gilt jedoch auch: Keine Gleichheit im Unrecht.

3. Konkretisierung (§ 85 Satz 2 AO)

Die Finanzbehörden haben insbesondere sicherzustellen, dass Steuern nicht verkürzt, zu Unrecht erhoben oder Steuererstattungen und Steuervergütungen nicht zu Unrecht gewährt oder versagt werden (§ 85 Satz 2 AO).

II. Untersuchungsgrundsatz (§ 88 AO)

Es herrscht der Amtsermittlungsgrundsatz (§ 88 Abs. 1 Satz 1 AO). Die Finanzbehörde ist kraft Gesetzes verpflichtet, alle für den Einzelfall bedeutsamen Umstände zu ermitteln. Hierbei sind auch die für die Beteiligten günstigen Umstände zu berücksichtigen (§ 88 Abs. 1 Satz 2 AO).

Die Finanzbehörde bestimmt Art und Umfang der Ermittlungen nach den Umständen des Einzelfalls sowie nach den Grundsätzen der Gleichmäßigkeit, Gesetzmäßigkeit und Verhältnismäßigkeit; an das Vorbringen und Beweisanträge der Beteiligten ist sie nicht gebunden (§ 88 Abs. 2 Satz 1 AO). Bei Entscheidungen über Art und Umfang der Ermittlungen können allgemeine Erfahrungen der Finanzbehörde sowie Wirtschaftlichkeit und Zweckmäßigkeit berücksichtigt werden (§ 88 Abs. 2 Satz 2 AO).

III. Beratung, Auskunft (§ 89 AO)

Die Finanzbehörde hat gegenüber dem Beteiligten, der sich in steuerlichen Belangen nicht auskennt, eine Fürsorgepflicht in Verfahrensfragen (§ 89 Abs. 1 AO).

Dies beinhaltet jedoch keine Verpflichtung zur steuerlichen Beratung.

IV. Anhörung der Beteiligten (§ 91 AO)

Die Beteiligten sind vor Erlass eines Verwaltungsakts, der in ihre Rechte eingreift, anzuhören (§ 91 Abs. 1 AO). Von einer Anhörung kann abgesehen werden, wenn sie nach den Umständen des Einzelfalls nicht geboten ist (§ 91 Abs. 2 AO). Das Gesetz nennt folgende Fälle:

- wenn eine sofortige Entscheidung wegen Gefahr im Verzug oder im öffentlichen Interesse notwendig erscheint (Nr. 1),
- wenn durch die Anhörung die Einhaltung einer für die Entscheidung maßgeblichen Frist in Frage gestellt würde (Nr. 2),
- wenn von den tatsächlichen Angaben eines Beteiligten, die dieser in einem Antrag oder einer Erklärung gemacht hat, nicht zu seinen Ungunsten abgewichen werden soll (Nr. 3),
- wenn die Finanzbehörde eine Allgemeinverfügung (§ 118 Satz 2 AO) oder gleichartige Verwaltungsakte in größerer Zahl oder Verwaltungsakte mit Hilfe automatischer Einrichtungen erlassen will (Nr. 4),
- wenn Maßnahmen in der Vollstreckung (§§ 249 ff. AO) getroffen werden sollen (Nr. 5).

Die Anhörung muss unterbleiben, wenn ihr ein zwingendes öffentliches Interesse entgegensteht (§ 92 Abs. 3 AO).

Der Grundsatz des rechtlichen Gehörs ist bereits in Art. 103 GG normiert.

B. Pflichten der Beteiligten

Nicht bloß die Finanzbehörden haben Pflichten, sondern auch die Beteiligten (§ 78 AO).

I. Allgemeine Mitwirkungspflichten (§ 90 AO)

Die Beteiligten sind zur Mitwirkung bei der Sachverhaltsermittlung verpflichtet (§ 90 Abs. 1 Satz 1 AO).

Sie trifft insbesondere eine Offenlegungspflicht hinsichtlich der besteuerungserheblichen Tatsachen sowie die Pflicht, die ihnen bekannten Beweismittel anzugeben (§ 90 Abs. 1 Satz 2 AO).

Beweismittel sind dabei insbesondere:

Auskünfte von Beteiligten und anderen Personen	§ 92 Satz 2 Nr. 1 AO	§§ 93 ff. AO
Hinzuziehung von Sachverständigen	§ 92 Satz 2 Nr. 2 AO	§ 96 AO
Beiziehung von Urkunden und Akten	§ 92 Satz 2 Nr. 3 AO	§ 97 AO
Einnahme von Augenschein	§ 92 Satz 2 Nr. 4 AO	§ 98 AO

Diese Pflichten sind jedoch nicht unbegrenzt; vielmehr haben insbesondere Angehörige (§ 15 AO) und bestimmte Berufsgruppen Auskunfts- und Eidesverweigerungsrechte, die in §§ 101 ff. AO geregelt sind.

II. Mitwirkungspflichten im Besteuerungsverfahren

Damit das Finanzamt die Steuer festsetzen kann, benötigt es Informationen des Steuerpflichtigen zu den Grundlagen der Besteuerung, also insbesondere den Einkünften, Sonderausgaben und außergewöhnlichen Belastungen.

1. Buchführungs- und Aufzeichnungspflichten (§§ 140 ff. AO)

Unter diese Pflichten fallen Personen, die nach den Steuergesetzen und nach anderen Gesetzen[1], insbesondere dem Handelsgesetzbuch (HGB), buchführungs- und aufzeichnungspflichtig sind (§ 140 AO) sowie bestimmte Personengruppen (§§ 141 ff. AO).

---

[1] BFH-Urteil vom 14.11.2018, I R 81/16 – Leitsatz: Andere Gesetze" i. S. des § 140 AO können auch ausländische Rechtsnormen sein. Eine in Deutschland beschränkt körperschaftsteuerpflichtige Aktiengesellschaft liechtensteinischen Rechts ist daher im Inland nach § 140 AO i. V. m. ihrer Buchführungspflicht aus liechtensteinischem Recht buchführungspflichtig.

2. Abgabe der Steuererklärungen (§§ 149 ff. AO)

In den in den Steuergesetzen vorgesehenen Fällen (beispielsweise § 25 Abs. 3 EStG, § 18 UStG) besteht die Pflicht zur Abgabe einer Steuererklärung (§ 149 Abs. 1 Satz 1 AO). Hierzu ist ferner derjenige verpflichtet, der von der Finanzbehörde dazu aufgefordert wird (§ 149 Abs. 1 Satz 2 AO).

Form[2] und Inhalt der Erklärungen sind in §§ 150 ff. AO geregelt.

3. Berichtigung von Erklärungen (§ 153 AO)

Schließlich ist der Steuerpflichtige bzw. dessen Vertreter ggf. zur Berichtigung der abgegebenen Erklärung verpflichtet (§ 153 AO).

Fall 1 Der Steuerpflichtige erkennt nachträglich, dass er Einnahmen i. H. v. 500 € zu wenig erklärt hat.

Lösung Es besteht Berichtigungspflicht nach § 153 AO.

Fall 2 Der Steuerpflichtige hat die Einnahmen vorsätzlich nicht erklärt.

Lösung § 153 AO greift nicht, da sich der Steuerpflichtige nicht selbst einer Steuerhinterziehung (§ 370 AO) bezichtigen muss. Die Erklärung kann jedoch ggf. als Selbstanzeige nach § 371 AO gewertet werden.

Fall 3 Der Steuerpflichtige hat die Einnahmen leichtfertig nicht erklärt.

Lösung Ob bei leichtfertiger Steuerverkürzung (§ 378 AO) eine Berichtigungspflicht besteht, ist strittig. Eine Berichtigung kann jedoch ggf. als Selbstanzeige nach § 378 Abs. 3 AO gewertet werden.

---

[2] Zur für Unternehmer vorgeschriebenen elektronischen Datenübermittlung: BFH-Urteil vom 15.05.2018, VII R 14/17 – NV – Leitsätze: 1. Eine unbillige Härte i. S. der § 5b Abs. 2 Satz 1 EStG und § 150 Abs. 8 AO ergibt sich nicht durch ein behauptetes Ausspähungsrisiko, auch wenn der Steuerpflichtige ein sicherheitsrelevantes Unternehmen betreibt. 2 Das Merkmal der unbilligen Härte ist ein im gerichtlichen Verfahren überprüfbarer Rechtsbegriff (Fortführung der BFH-Rechtsprechung, Beschluss des Großen Senats des BFH vom 28.11.2016 GrS 1/15, BFHE 255, 482, BStBl II 2017, 393). 3. Wenn weder eine wirtschaftliche noch eine persönliche Unzumutbarkeit vorliegt, kann aus anderen Gründen eine unbillige Härte gegeben sein.

Teil 2
Festsetzungsverfahren
(§§ 155 ff. AO)

A. Grundsätzliches zum Steuerbescheid
(§ 155 Abs. 1 Satz 1 AO)

Das Finanzamt hat nicht nur die Aufgabe, die Besteuerungsgrundlagen und die daraus resultierende Steuer zu ermitteln, sondern es muss diese auch festsetzen.

Dies geschieht, soweit nichts anderes vorgeschrieben ist, durch Steuerbescheid (§ 155 Abs. 1 Satz 1 AO).

Steuerbescheid ist der nach § 122 Abs. 1 AO bekannt gegebene Verwaltungsakt (§ 155 Abs. 1 Satz 2 AO). Die Bekanntgabe kann auch durch Bereitstellung zum Datenabruf erfolgen (§ 122a AO). Form und Inhalt von Steuerbescheiden sind in § 157 AO geregelt.

	Fehlender Bestandteil:		Fehlen führt zu:	
	Schriftform oder elektronisch	§ 157 Abs. 1 Satz 1 AO		§ 125 Abs. 1 AO
Notwendige Bestandteile	erlassende Behörde	§ 119 Abs. 3 Satz 1 AO	Nichtigkeit des Bescheids	§ 125 Abs. 2 Nr. 1 AO
	Unterschrift (Ausnahme EDV)	§ 119 Abs. 3 Satz 2 AO		
	festgesetzte Steuer nach Art, Zeitraum, Betrag	§ 157 Abs. 1 Satz 2 AO		§ 125 Abs. 1 AO
	Steuerschuldner			
Sonstige Bestandteile	Rechtsbehelfsbelehrung	§ 157 Abs. 1 Satz 3 AO	Jahres- statt Monatsfrist beim Einspruch	§ 356 Abs. 2 AO
	Begründung	§ 121 AO	ggf. Rechtswidrigkeit des Bescheids	§ 126 Abs. 1 Nr. 2 AO

I. Schriftform

Der Steuerbescheid hat schriftlich oder elektronisch zu ergehen (§ 157 Abs. 1 Satz 1 AO). Ist dies nicht der Fall, leidet er an einem besonders schwerwiegenden offenkundigen Fehler und ist deshalb nichtig (§ 125 Abs. 1 AO).

II. Notwendige Bestandteile

Das Fehlen auch nur eines notwendigen Bestandteils hat die Nichtigkeit des gesamten Steuerbescheids zur Folge.

1. Erlassende Behörde

Der Steuerpflichtige muss wissen, von wem der Bescheid kommt und gegen wen er sich wenden kann, wenn er Einwände gegen den Bescheid hat. Ist die erlassende Behörde (§ 119 Abs. 3 AO) nicht erkennbar, führt dies deshalb kraft Gesetzes zur Nichtigkeit des gesamten Steuerbescheids (§ 125 Abs. 2 Nr. 1 AO).

2. Unterschrift

Da die Steuerbescheide heutzutage per EDV erlassen werden, ist eine Unterschrift entbehrlich (§ 119 Abs. 3 Satz 2 AO). Ihr Fehlen führt demgemäß auch nicht zur Nichtigkeit des Bescheids.

3. Besonderheiten bei der elektronischen Kommunikation

Ist für einen Verwaltungsakt durch Gesetz eine Schriftform angeordnet, so muss bei einem elektronischen Verwaltungsakt auch das der Signatur zugrunde liegende qualifizierte Zertifikat oder ein zugehöriges qualifiziertes Attributzertifikat die erlassende Behörde erkennen lassen (§ 119 Abs. 3 Satz 3 AO).

Im Falle des § 87a Abs. 4 Satz 3 AO muss die Bestätigung nach § 5 Abs. 5 des De-Mail-Gesetzes die erlassende Finanzbehörde als Nutzer des De-Mail-Kontos erkennen lassen (§ 119 Abs. 3 Satz 4 AO).

4. Festgesetzte Steuer nach Art, Zeitraum und Betrag

Der Steuerpflichtige muss wissen, welche Steuern in welcher Höhe gegen ihn festgesetzt wurden, um überprüfen zu können, ob es damit seine Richtigkeit hat. Eine genaue Bezeichnung, wie beispielsweise „Bescheid über Einkommensteuer und Solidaritätszuschlag 2019", sowie die Bezifferung der entsprechenden Steuerbeträge sind damit unerlässlich.

5. Steuerschuldner

Der Steuerschuldner muss im Bescheid so klar bezeichnet werden, dass er eindeutig identifizierbar ist.[3] Einfache Schreibfehler sind jedoch unschädlich, wenn der Inhalts- und Bekanntgabeadressat trotzdem eindeutig zu erkennen ist.

> **Fall** Richtige Schreibweise: Claudia Mustermann, im Bescheid steht jedoch Klaudia Mustermann.

> **Lösung** Inhalts- und Bekanntgabeadressatin sind eindeutig zu identifizieren, der Bescheid ist damit nicht nichtig.

III. Sonstige Bestandteile

Das Fehlen sonstiger Bestandteile führt nicht zur Nichtigkeit des Bescheids, kann aber andere Auswirkungen haben.

1. Rechtsbehelfsbelehrung

Diese ist zwar in § 157 Abs. 1 Satz 3 AO ausdrücklich vorgesehen. Ihr Fehlen führt jedoch kraft Gesetzes nicht zur Nichtigkeit des Bescheids, sondern es gilt für den Einspruch statt der Monatsfrist (§ 355 Abs. 1 AO) die Jahresfrist (§ 356 Abs. 2 AO).

2. Begründung/Erläuterungen

Die Begründung umfasst insbesondere die Feststellung der Besteuerungsgrundlagen (z. B. Einkünfte aus selbständiger Arbeit, Sonderausgaben, ...), mögliche Abweichungen von der eingereichten Steuererklärung und die Art der Festsetzung (z. B. Umfang einer vorläufigen Festsetzung nach § 165 AO).

---

[3] BFH-Urteil vom 23.08.2017, I R 52/15 – NV – Leitsatz: Steuer- und Feststellungsbescheide, die die Adressaten lediglich in einem Bescheidkopf mit der jeweiligen Steuernummer benennen und weder eine (vollständige oder abgekürzte) Firmenbezeichnung noch eine Anschrift tragen ("leeres Adressfeld"), erfüllen nicht die Voraussetzungen an die hinreichende Bestimmtheit oder Bestimmbarkeit ihres Inhaltsadressaten.

Fehlt die Begründung, ist dies unbeachtlich, wenn sie nachträglich gegeben wird (§ 126 Abs. 1 Nr. 2 AO). Ein Nachholen ist bis zum Abschluss der Tatsacheninstanz des finanzgerichtlichen Verfahrens möglich (§ 126 Abs. 2 AO).

> **Hinweis** Die Feststellung der Besteuerungsgrundlagen bildet einen mit Rechtsbehelfen nicht selbständig anfechtbaren Teil des Steuerbescheids. Dies ist nur dann anders, wenn die Besteuerungsgrundlagen gesondert festgestellt werden (§ 157 Abs. 2 AO).

IV. Leistungsgebot und Steuerabrechnung

Die Zahlungsaufforderung und die Anrechnung von geleisteten Vorauszahlungen und Steuerabzugsbeträgen sind eigenständige Verwaltungsakte und gehören nicht zur Festsetzung der Steuer. Sie sind nur aus praktischen Gründen auf dem Steuerbescheid mit angeführt.

V. Automationsgestützte Steuerbescheide

1. Automationsgestützt

Die Finanzbehörden können Steuerfestsetzungen sowie Anrechnungen von Steuerabzugsbeträgen und Vorauszahlungen auf der Grundlage der ihnen vorliegenden Informationen und der Angaben des Steuerpflichtigen ausschließlich automationsgestützt vornehmen, berichtigen, zurücknehmen, widerrufen, aufheben oder ändern, soweit kein Anlass dazu besteht, den Einzelfall durch Amtsträger zu bearbeiten (§ 155 Abs. 4 Satz 1 AO).

Das gilt nach § 155 Abs. 4 Satz 2 AO auch

– für den Erlass, die Berichtigung, die Rücknahme, den Widerruf, die Aufhebung und die Änderung von mit den Steuerfestsetzungen sowie Anrechnungen von Steuerabzugsbeträgen und Vorauszahlungen verbundenen Verwaltungsakten (Nr. 1),
– wenn die Steuerfestsetzungen sowie Anrechnungen von Steuerabzugsbeträgen und Vorauszahlungen mit Nebenbestimmungen nach § 120 AO versehen oder verbunden werden, soweit dies durch eine

Verwaltungsanweisung des Bundesministeriums der Finanzen oder der obersten Landesfinanzbehörden allgemein angeordnet ist (Nr. 2).

2. Einzelfallbearbeitung durch Amtsträger

Ein Anlass zur Bearbeitung durch Amtsträger liegt insbesondere vor, soweit der Steuerpflichtige in einem dafür vorgesehenen Abschnitt oder Datenfeld der Steuererklärung Angaben im Sinne des § 150 Abs. 7 AO gemacht hat (§ 155 Abs. 4 Satz 3 AO).

Demnach ist es dem Steuerpflichtigen zu ermöglichen, Angaben, die nach seiner Auffassung Anlass für eine Bearbeitung durch Amtsträger sind, in einem dafür vorgesehenen Abschnitt oder Datenfeld der Steuererklärung zu machen.

Hierbei gelten Daten, die von mitteilungspflichtigen Stellen nach Maßgabe des § 93c AO an die Finanzverwaltung übermittelt wurden, als Angaben des Steuerpflichtigen, soweit er nicht in einem dafür vorzusehenden Abschnitt oder Datenfeld der Steuererklärung abweichende Angaben macht.

Bei vollständig automationsgestütztem Erlass eines Verwaltungsakts gilt die Willensbildung über seinen Erlass und über seine Bekanntgabe im Zeitpunkt des Abschlusses der maschinellen Verarbeitung als abgeschlossen (§ 155 Abs. 4 Satz 4 AO).

B. Steuerbescheide sind auch ...

Bei den Steuerbescheiden gibt es weitere Varianten:

		Nicht zu verwechseln mit:
Steuerbescheid	§ 155 Abs. 1 Satz 1 AO	Zahlungsaufforderung, Steuerabrechnung
Freistellungsbescheid	§ 155 Abs. 1 Satz 3, 1. HS AO	Nichtveranlagungsbescheinigung (§ 44 Abs. 2 Nr. 2 EStG) Unbedenklichkeitsbescheinigung (§ 22 GrEStG)
Ablehnungsbescheid	§ 155 Abs. 1 Satz 3, 2. HS AO	Nichtveranlagungsverfügung (innerdienstlicher Vermerk)
Zusammengefasste Steuerbescheide	§ 155 Abs. 3 AO	
Schätzbescheid	§ 162 AO	

I. Freistellungsbescheide (§ 155 Abs. 1 Satz 3 Halbsatz 1 AO)

Fall 1 Das Finanzamt entscheidet auf Antrag des Vorstands, dass ein Verein nach § 5 Abs. 1 Nr. 9 KStG, §§ 52, 59 AO von der Körperschaftsteuer befreit wird.

Lösung Es ergeht ein Freistellungsbescheid, also ein Steuerbescheid, der aufgrund des geprüften Sachverhalts die verbindliche Regelung enthält, dass der Steuerpflichtige ganz (oder teilweise) von der Steuer freigestellt wird.

Fall 2 Die Steuer wird auf null Euro festgesetzt, es bleibt jedoch bei der Steuerpflicht.

Lösung Da die Steuerpflicht als solche bejaht wird, liegt kein Freistellungsbescheid vor.

Fall 3 Das Finanzamt erteilt eine drei Jahre gültige Nichtveranlagungsbescheinigung nach § 44 Abs. 2 EStG, die der Steuerpflichtige seinem Kreditinstitut vorlegt. Dieses sieht dann vom Steuerabzug ab.

Lösung Auch hier liegt kein Freistellungsbescheid vor, sondern ein begünstigender Verwaltungsakt (§ 130 Abs. 2 AO), der bestätigt, dass eine Veranlagung im Gültigkeitszeitraum nicht in Betracht kommt.

Fall 4 Das Finanzamt erteilt eine grunderwerbsteuerliche Unbedenklichkeitsbescheinigung (§ 22 GrEStG).

Lösung Hierbei handelt es sich nicht um einen Freistellungsbescheid. Das Finanzamt wird weder an einer späteren Festsetzung gehindert, noch entspricht es einem Steuerbefreiungsantrag.

II. Ablehnungsbescheide (§ 155 Abs. 1 Satz 3 Halbsatz 2 AO)

Durch einen Ablehnungsbescheid wird ein Antrag auf Steuerfestsetzung abgelehnt (§ 155 Abs. 1 Satz 3 Halbsatz 2 AO).

III. Zusammengefasste Steuerbescheide (§ 155 Abs. 3 Satz 1 AO)

Zusammengefasste Steuerbescheide können ergehen, wenn mehrere Steuerpflichtige eine Steuer als Gesamtschuldner (§ 44 AO) schulden (§ 155 Abs. 3 Satz 1 AO).

Fall Die Ehegatten Herr und Frau Müller werden zusammen zur Einkommensteuer veranlagt (§ 26b EStG). Der Einkommensteuerbescheid ergeht an „Herrn und Frau Müller".

Lösung Es handelt sich hierbei um zwei inhaltsgleiche Verwaltungsakte (Steuerbescheide), die auf einer gemeinsamen Ausfertigung des Bescheids übermittelt und den Ehegatten bekannt gegeben werden (§ 122 Abs. 7 Nr. 1 AO).

Hinweis Das zu Ehegatten Gesagte gilt jeweils auch für eingetragene Lebenspartner (§ 15 Abs. 1 Nr. 2, 6 AO).

C. Sinngemäße Anwendung der Vorschriften über die Steuerfestsetzung

Die Vorschriften über die Besteuerung gelten nicht nur für Steuerbescheide. Sie sind sinngemäß insbesondere auch auf folgende Fälle anzuwenden:

- Festsetzung einer Steuervergütung (§ 155 Abs. 5 AO),
- Feststellungsbescheide (§ 181 Abs. 1 Satz 1 AO),
- Steuermessbescheide (§ 184 Abs. 1 AO),
- Bescheide über Prämien oder Zulagen, bspw. Investitionszulage, Eigenheimzulage, Arbeitnehmersparzulage.[4]

D. Schätzbescheide (§ 162 AO)

Soweit die Finanzbehörde die Besteuerungsgrundlagen für den Steuerbescheid nicht ermitteln kann, hat sie sie zu schätzen (§ 162 Abs. 1 Satz 1 AO).

I. Grundsätzliches

Nicht die Steuer selbst wird geschätzt, sondern die Besteuerungsgrundlagen, also die tatsächlichen und rechtlichen Verhältnisse, die für die Besteuerung maßgeblich sind (§ 199 Abs. 1 AO).

Fall 1 Der Steuerpflichtige weigert sich, dem Finanzamt seinen Gewinn aus Gewerbebetrieb sowie den Überschuss aus Vermietung und Verpachtung zu nennen.

Lösung Die Besteuerungsgrundlagen Gewinn und Überschuss werden vom Finanzamt geschätzt.

---

[4] AEAO zu § 155 Nr. 4.

Fall 2 Der Steuerpflichtige erhält einen Schätzbescheid wegen Nichtabgabe der Steuererklärung. Entbindet ihn das von der Verpflichtung zur Abgabe (§ 149 Abs. 1 Satz 1 u. 2 AO)?

Lösung Die Verpflichtung zur Abgabe bleibt auch dann bestehen, wenn die Finanzbehörde die Besteuerungsgrundlagen nach § 162 AO geschätzt hat (§ 149 Abs. 1 Satz 4 AO).

II. Fallgruppen der Schätzung

Unzureichende Aufklärungen durch den Steuerpflichtigen	§ 162 Abs. 2 Satz 1 AO
Fehlerhafte Buchführung des Steuerpflichtigen	§ 162 Abs. 2 Satz 2 AO
Auslandsbezug	§ 90 Abs. 3 und § 162 Abs. 3 und 4 AO
Folgebescheid ergeht zeitlich vor Grundlagenbescheid	§ 155 Abs. 2 und § 162 Abs. 5 AO

1. Unzureichende Aufklärungen (§ 162 Abs. 2 Satz 1 AO)

Zu schätzen ist insbesondere dann, wenn der Steuerpflichtige über seine Angaben keine ausreichenden Aufklärungen geben kann, wenn er weitere Auskunft oder eine Versicherung an Eides statt (§ 95 AO) verweigert oder wenn er seine Mitwirkungspflicht nach § 90 Abs. 2 AO verletzt (§ 162 Abs. 2 Satz 1 AO).

2. Fehlerhafte Buchführung (§ 162 Abs. 2 Satz 2 AO)

Die Buchführung ist fehlerhaft, wenn der Steuerpflichtige Bücher oder Aufzeichnungen (§§ 140 ff. AO) nicht oder nur unvollständig vorlegt oder wenn diese formell oder inhaltlich unrichtig sind (§ 162 Abs. 2 Satz 2 AO).[5]

3. Auslandsbezug (§ 162 Abs. 3 AO)

Bei Auslandsbezug bestehen besondere Mitwirkungspflichten, die in § 90 Abs. 3 AO geregelt sind. Diese verletzt der Steuerpflichtige, wenn er Aufzeichnungen über einen Geschäftsvorfall nicht vorlegt, vorgelegte Aufzeichnungen im Wesentlichen unverwertbar sind oder die Aufzeichnungen nicht zeitnah erstellt wurden (§ 162 Abs. 3 AO).

Darüber hinaus regelt § 12 StAbwG[6] gesteigerte Mitwirkungspflichten bei Geschäftsbeziehungen oder Beteiligungsverhältnissen in oder mit Bezug zu nicht kooperativen Steuerhoheitsgebieten gem. § 3 Abs. 1 Satz 2 StAbwG.

4. Grundlagenbescheide (§ 162 Abs. 5 AO)

Soll der Steuer- oder ein anderer Folgebescheid noch vor Erlass des maßgeblichen Grundlagenbescheids (§ 171 Abs. 10 Satz 1 AO) ergehen

---

[5] BFH-Urteil vom 12.12.2017, VIII R 5/14 – NV – Leitsätze: 1. Formelle Buchführungsmängel berechtigen nur insoweit zur Schätzung, als sie Anlass geben, die sachliche Richtigkeit des Buchführungsergebnisses anzuzweifeln. Stellt das FG formelle Fehler bei der Aufzeichnung der Betriebsausgaben fest, hat es schlüssig zu begründen, warum aus diesen Fehlern im konkreten Fall eine Schätzungsbefugnis für die Betriebseinnahmen erwachsen soll. 2. Ein pauschaler Sicherheitszuschlag zu den Einnahmen ist eine griffweise Schätzung der Besteuerungsgrundlagen, die in einem vernünftigen Verhältnis zu den erklärten oder nicht erklärten Einnahmen stehen muss. Es bedarf zu ihrer Rechtmäßigkeit einer ausreichenden Begründungstiefe des FG-Urteils, aus der erkennbar ist, warum diese Schätzungsmethode im entschiedenen Fall notwendig ist und dass sie auch im Hinblick auf die Angemessenheit des Schätzungsergebnisses allgemeinen Erfahrungsgrundsätzen entspricht.

[6] Gesetz zur Abwehr von Steuervermeidung und unfairem Wettbewerb; kurz: Steueroasen-Abwehrgesetz.

(§ 155 Abs. 2 AO), dann können die in dem Grundlagenbescheid festzustellenden Besteuerungsgrundlagen geschätzt werden (§ 162 Abs. 5 AO).

III. Grundsätze und Methoden der Schätzung

Bei der Schätzung sind alle Umstände zu berücksichtigen, die für die Schätzung von Bedeutung sind (§ 162 Abs. 1 Satz 2 AO).[7]

	Vollschätzung	
	Teilschätzung, Ergänzungsschätzung	
Schätzung (§ 162 AO)	Schätzung durch Vergleich	innerer Vergleich
		äußerer Vergleich
	Schätzung bei Auslandsbezug	

1. Vollschätzung

Eine Schätzung sämtlicher Besteuerungsgrundlagen wird bei Nichtabgabe der Steuererklärung (§ 150 AO) vorgenommen.

---

[7] Allgemein zur Schätzung: BFH-Beschluss vom 26.02.2018, X B 53/17 – NV – Leitsätze: 1. Die im Wege der Schätzung von Besteuerungsgrundlagen gewonnenen Schätzergebnisse müssen schlüssig, wirtschaftlich möglich und vernünftig sein. 2. Eine Schätzung muss einerseits tatsächliche Anhaltspunkte für die zutreffende Höhe der Besteuerungsgrundlagen berücksichtigen, andererseits das Maß der Mitwirkungspflichtverletzung berücksichtigen. 3. Jedenfalls dann, wenn der Steuerpflichtige eingehend dazu vorträgt, dass und warum er bestimmte Umsätze und Gewinne nach den Umständen nicht hat erzielen können, hat sich das FG mit diesem Punkt ausdrücklich auseinanderzusetzen.
Zur Nichtigkeit einer Schätzung: BFH-Beschluss vom 06.08.2018, X B 22/18 – NV – Leitsatz: Die bloße Absicht der Finanzbehörde, den Steuerpflichtigen durch das Schätzungsergebnis zu sanktionieren ("Strafschätzung"), löst für sich genommen noch keine Nichtigkeit der hierauf beruhenden Steuerfestsetzung nach § 125 Abs. 1 AO aus. Hinzukommen muss, dass die Schätzung bei objektiver Betrachtung den durch die Umstände des Einzelfalls gezogenen Schätzungsrahmen verlässt, d.h. objektiv fehlerhaft ist.
Sehr ausführlich zu den Schätzungsmethoden eines Gastronomiebetriebs: Urteil des FG Düsseldorf vom 24.11.2017, Az.: 13 K 3812/15 F.

2. Teilschätzung/Ergänzungsschätzung

Fall Der berufliche Anteil der geltend gemachten Übernachtungskosten ist unklar.

Lösung Das Finanzamt kann die Werte schätzen.[8]

3. Schätzung durch Vergleich

Fall 1 Der Steuerpflichtige hat in den Vorjahren Steuererklärungen eingereicht.

Lösung Das Finanzamt kann sich auch an Werten aus den früheren Steuererklärungen des Steuerpflichtigen orientieren (innerer Vergleich).

Fall 2 Der Steuerpflichtige hat eine Kfz-Werkstatt in München.

Lösung Das Finanzamt kann sich auch an vergleichbaren Betrieben orientieren (äußerer Vergleich).

4. Hinzuschätzung bei Auslandsbezug

Verletzt der Steuerpflichtige seine Mitwirkungspflichten nach § 90 Abs. 2 AO, ist ebenfalls zu schätzen (§ 162 Abs. 2 Satz 1 AO).

Handelt es sich um nicht kooperative Steuerhoheitsgebiete gem. § 3 Abs. 1 Satz 2 StAbwG[9], sind die Folgen noch strenger: Es wird widerlegbar vermutet, dass in Deutschland steuerpflichtige Einkünfte

---

[8] BFH-Beschluss vom 03.07.2018, VI R 55/16 – NV – Leitsätze: 1. Wird der Arbeitnehmer bei seiner Auswärtstätigkeit von Familienangehörigen begleitet, sind Aufwendungen für Übernachtungen nur anteilig als Werbungskosten nach § 9 Abs. 1 Satz 1 EStG zu berücksichtigen (Anschluss an Senatsurteil vom 10.04.2014 VI R 11/13, BFHE 245, 218, BStBl II 2014, 804). 2. Das FG hat die geltend gemachten Übernachtungskosten deshalb nach den Grundsätzen des Beschlusses des Großen Senats des BFH vom 21.09.2009 GrS 1/06 (BFHE 227, 1, BStBl II 2010, 672) aufzuteilen. 3. Eine dahingehende Schätzung ist im Revisionsverfahren nur hinsichtlich der Zulässigkeit, der Einhaltung der verfahrensrechtlichen Voraussetzungen sowie der Schlüssigkeit und Plausibilität des Schätzungsergebnisses überprüfbar.

[9] Gesetz zur Abwehr von Steuervermeidung und unfairem Wettbewerb; kurz: Steueroasen-Abwehrgesetz.

- bisher nicht erklärt wurden, tatsächlich aber vorhanden sind (§ 162 Abs. 2 Satz 3 Nr. 1 AO) oder
- bisher zwar erklärt wurden, tatsächlich aber höher sind, als erklärt (§ 162 Abs. 2 Satz 3 Nr. 2 AO).

E. Zuschläge

I. Verspätungszuschlag (§ 152 AO)

Gegen denjenigen, der seiner Verpflichtung zur Abgabe der Steuererklärung nicht oder nicht fristgemäß nachkommt, kann ein Verspätungszuschlag festgesetzt werden (§ 152 Abs. 1 Satz 1 AO).

1. Zeitlicher Anwendungsbereich des § 152 AO a. F. und n. F.

§ 152 AO in der am 31. Dezember 2016 geltenden Fassung (§ 152 AO a. F.) ist für Steuererklärungen, die vor dem 1. Januar 2019 einzureichen sind, weiterhin anzuwenden (Art. 97 § 8 Abs. 4 Satz 3 Nr. 1 EGAO). Gleiches gilt für Umsatzsteuererklärungen für den kürzeren Besteuerungszeitraum nach § 18 Abs. 3 Satz 1 und 2 UStG, wenn die gewerbliche oder berufliche Tätigkeit in 2018 endet (Art. 97 § 8 Abs. 4 Satz 3 Nr. 2 EGAO).[10]

§ 152 AO i. d. F. des StModernG (§ 152 AO n. F.) ist zwar am 1. Januar 2017 in Kraft getreten; die Neufassung ist aber erstmals für Steuererklärungen anzuwenden, die nach dem 31. Dezember 2018 abzugeben sind (Art. 97 § 8 Abs. 4 Satz 1 EGAO); eine Verlängerung der Steuererklärungsfrist ist hierbei nicht zu berücksichtigen (Art. 97 § 8 Abs. 4 Satz 2 EGAO).[11]

---

[10] AEAO zu § 152 Nr. 13.
[11] AEAO zu § 152 Nr. 1.

2. Verspätungszuschlag für Steuererklärungen, die bis zum 31. Dezember 2018 abzugeben sind (§ 152 AO a. F.)

a) Entschuldbares Versäumnis

Ein Verspätungszuschlag ist nur dann festzusetzen, wenn das Versäumnis nicht entschuldbar ist (§ 152 Abs. 1 Satz 2 AO a. F.).

Das Verschulden eines gesetzlichen Vertreters oder eines Erfüllungsgehilfen steht dem eigenen Verschulden gleich (§ 152 Abs. 1 Satz 3 AO a. F.).

Fall Der Steuerpflichtige hat die Einkommensteuererklärungen für die Vorjahre wiederholt zu spät abgegeben. Die Gewerbesteuererklärungen hat er regelmäßig gar nicht eingereicht.

Lösung Sein Versäumnis ist nicht entschuldbar, da er seine Steuererklärungen wiederholt nicht fristgemäß bzw. gar nicht abgegeben hatte.

Fall Fortsetzung Für seine Umsatzsteuererklärung hat er zwar Fristverlängerung (§ 109 AO) beantragt und erhalten, diese jedoch nicht eingehalten.

Lösung Auch dieses Versäumnis ist nicht entschuldbar.[12]

Nach § 149 Abs. 2 Satz 1 AO a. F. sind – soweit die Steuergesetze nichts anderes bestimmen – Steuererklärungen, die sich auf ein Kalenderjahr oder einen gesetzlich bestimmten Zeitpunkt beziehen, spätestens fünf Monate danach abzugeben. Diese Frist wurde jedoch von den Finanzbehörden in der Regel „automatisch" bis zum 31.12. des Folgejahres verlängert.

Bei Steuerpflichtigen, die den Gewinn aus Land- und Forstwirtschaft nach einem vom Kalenderjahr abweichenden Wirtschaftsjahr ermitteln, endet die Frist nicht vor Ablauf des fünften Monats, der auf den Schluss des in dem Kalenderjahr begonnenen Wirtschaftsjahrs folgt (§ 149 Abs. 2 Satz 2 AO a. F.).

---

[12] AEAO zu § 152 Nr. 3.

b) Höhe des Verspätungszuschlags

Der Verspätungszuschlag darf 10 % der festgesetzten Steuer nicht überschreiten und maximal 25.000 € betragen (§ 152 Abs. 2 Satz 1 AO a. F.).

Fall Die festgesetzte Steuer beträgt 60.000 €, der Zinsvorteil, den der Steuerpflichtige erlangt hat, 4.000 €.

Lösung Ein Verspätungszuschlag von mehr als 5.000 € ist nur festzusetzen, wenn anderenfalls ein durch die verspätete Abgabe der Steuererklärung (Steueranmeldung) entstandener Zinsvorteil nicht ausreichend abgeschöpft werden kann.[13]

c) Ermessen

Die Finanzbehörde hat dabei Ermessen („kann", § 5 AO) sowohl hinsichtlich der Entscheidung, ob sie bei verschuldeter Verspätung (§ 152 Abs. 1 Satz 2 AO a. F.) überhaupt einen Verspätungszuschlag festsetzt, als auch, im Rahmen des § 152 Abs. 2 Satz 1 AO a. F., wie hoch dieser ausfallen soll.

aa) § 152 Abs. 2 Satz 2 AO a. F.

§ 152 Abs. 2 Satz 2 AO a. F. legt hierfür Kriterien fest: Bei der Bemessung des Verspätungszuschlags sind neben seinem Zweck, den Steuerpflichtigen zur rechtzeitigen Abgabe der Steuererklärung anzuhalten, die Dauer der Fristüberschreitung, die Höhe des sich aus der Steuerfestsetzung ergebenden Zahlungsanspruchs, die aus der verspäteten Abgabe der Steuererklärung gezogenen Vorteile sowie das Verschulden und die wirtschaftliche Leistungsfähigkeit des Steuerpflichtigen zu berücksichtigen.

bb) Zu beachtende Kriterien

Fall Welche der in § 152 Abs. 2 Satz 2 AO a. F. genannten Kriterien sind bei der Ermessensentscheidung zu beachten?

Lösung Bei der Ermessensentscheidung sind alle ausdrücklich und abschließend aufgezählten Kriterien zu beachten; dabei ist das Für und Wider der Kriterien gegeneinander abzuwägen.[14]

---

[13] AEAO zu § 152 Nr. 13.2.
[14] AEAO zu § 152 Nr. 13.3.

cc) Gewichtung der Kriterien

Wenngleich die Beurteilungsmerkmale grundsätzlich gleichwertig sind,[15] sind sie nicht notwendigerweise in jedem Fall in gleicher Weise zu gewichten. Je nach den Umständen des Einzelfalls kann im Ergebnis ein Merkmal stärker als ein anderes hervortreten oder auch ganz ohne Auswirkung auf die Bemessung bleiben.[16]

dd) Beispiele

Fall 1 Gegen den Steuerpflichtigen wird ein Verspätungszuschlag von 300 € festgesetzt. Der von ihm erlangte Zinsvorteil beträgt lediglich 30 €.

Lösung Dass die Höhe des Verspätungszuschlags den durch die verspätete Abgabe der Erklärung gezogenen Vorteil erheblich übersteigt, ist nicht ermessensfehlerhaft. Die Bemessung des Zuschlags wird nämlich nicht durch das Maß des gezogenen Vorteils begrenzt. Deshalb kommt es unter Umständen nicht entscheidend darauf an, ob und in welcher Höhe letztlich ein Zinsvorteil erzielt wurde.[17]

Fall 2 Auf die festgesetzte Steuer von 1.000 € wird ein Verspätungszuschlag von 100 € festgesetzt. Aufgrund von Anrechnungsbeträgen in Höhe von 1.200 € kommt es zu einer Erstattung.

Lösung Ein Verspätungszuschlag kann auch festgesetzt werden, obwohl es aufgrund von Anrechnungsbeträgen zu einer Erstattung gekommen ist.[18]

---

[15] AEAO zu § 152 Nr. 13.3; BFH-Urteil vom 26.04.1989, I R 10/85, BStBl. II S. 693 – Leitsatz 2: Die in § 152 Abs. 2 Satz 2 AO 1977 genannten Ermessenskriterien sind grundsätzlich gleichwertig.

[16] AEAO zu § 152 Nr. 13.3.

[17] AEAO zu § 152 Nr. 13.3; BFH-Urteil vom 26.04.1989 (a. a. O.) – Leitsatz 2: Die Erzielung eines finanziellen Vorteils durch verspätete Abgabe der Steuererklärung ist keine unbedingte Voraussetzung für die Festsetzung eines Verspätungszuschlags.

[18] AEAO zu § 152 Nr. 13.3.

Des Weiteren gilt: Es ist nicht ermessensfehlerhaft, in schweren Fällen (z. B. bei erheblicher Fristüberschreitung, schwerwiegendem Verschulden und hoher Steuerfestsetzung) den Verspätungszuschlag so zu bemessen, dass er als angemessene Sanktion wirkt.[19]

Bei der Beurteilung der Frage, welche Vorteile der Steuerpflichtige aus der verspäteten oder unterlassenen Abgabe der Steuererklärung gezogen hat, ist zu berücksichtigen, dass Zinsvorteile bereits durch Zinsen nach § 233a AO[20] teilweise ausgeglichen sein können.[21]

3. Verspätungszuschlag für Steuererklärungen, die ab dem 1. Januar 2019 abzugeben sind (§ 152 AO n. F.)

a) Entschuldbares Versäumnis

Von der Festsetzung eines Verspätungszuschlags ist nach § 152 Abs. 1 Satz 2 AO n. F. abzusehen, wenn der Erklärungspflichtige glaubhaft macht, dass die Verspätung entschuldbar ist; das Verschulden eines Vertreters oder eines Erfüllungsgehilfen ist hierbei dem Erklärungspflichtigen zuzurechnen.

Neu ist, dass die Entschuldbarkeit der Verspätung nunmehr glaubhaft gemacht werden muss.

b) Pflicht zur Festsetzung des Verspätungszuschlags in bestimmten Fällen

Zwar regelt § 152 Abs. 1 Satz 1 AO n. F., dass ein Verspätungszuschlag festgesetzt werden „kann" (§ 5 AO). In den in § 152 Abs. 2 AO n. F. genannten Fällen besteht jedoch kein Ermessen.

---

[19] AEAO zu § 152 Nr. 13.3.

[20] Gem. BVerfGE v. 08.07.2021 I 4303 – 1 BvR 2237/14, 1 BvR 2422/17 ist § 233a AO i. d. F. d. Bek v. 01.10.2002 I 3866 i. V. m. § 3 Abs. 2 Satz 1 i. d. F. d. Bek. v. 01.10.2002 I 3866 nach Maßgabe der Entscheidungsformel mit Art. 3 Abs. 1 GG unvereinbar. Gem. Nr. 2 dieser BVerfGE bleiben die für mit dem Grundgesetz unvereinbar erklärten Vorschriften für bis einschließlich in das Jahr 2018 fallende Verzinsungszeiträume weiter anwendbar. Der Gesetzgeber ist verpflichtet, bis zum 31.07.2022 eine verfassungsgemäße Neuregelung zu treffen.

[21] AEAO zu § 152 Nr. 13.3.

aa) Nach 14 Monaten

Ein Verspätungszuschlag ist festzusetzen, wenn eine Steuererklärung, die sich auf ein Kalenderjahr oder auf einen gesetzlich bestimmten Zeitpunkt bezieht, nicht innerhalb von 14 Monaten nach Ablauf des Kalenderjahrs oder nicht innerhalb 14 Monaten nach dem Besteuerungszeitpunkt abgegeben wurde (§ 152 Abs. 2 Nr. 1 AO n. F.).

bb) Nach 19 Monaten

In den Fällen des § 149 Abs. 2 Satz 2 AO n. F., also bei Steuerpflichtigen, die den Gewinn aus Land- und Forstwirtschaft nach einem vom Kalenderjahr abweichenden Wirtschaftsjahr ermitteln, ist der Verspätungszuschlag festzusetzen, wenn nicht innerhalb von 19 Monaten nach Ablauf des Kalenderjahrs oder nicht innerhalb von 19 Monaten nach dem Besteuerungszeitpunkt eingereicht wird (§ 152 Abs. 2 Nr. 2 AO n. F.).

cc) Zu einem durch Anordnung bestimmten Zeitpunkt

Steuererklärungen gemäß § 149 Abs. 2 AO n. F., die von Personen erstellt werden, die die Befugnis zur Hilfeleistung in Steuersachen haben (§§ 3, 4 Steuerberatungsgesetz), z. B. Steuerberater, Rechtsanwälte, Lohnsteuerhilfevereine, sind grundsätzlich spätestens bis zum letzten Tag des Monats Februar abzugeben (§ 149 Abs. 3 AO n. F.); bei Land- und Forstwirten, die ihren Gewinn nach einem vom Kalenderjahr abweichenden Wirtschaftsjahr ermitteln, endet die Frist am 31. Juli des zweiten auf den Besteuerungszeitraum folgenden Kalenderjahres.

Hierunter fallen nach § 149 Abs. 3 AO n. F.:

– Einkommensteuererklärungen (Nr. 1)
– Körperschaftsteuererklärungen nebst Feststellungs- und Zerlegungserklärungen (Nr. 2)
– Erklärungen zur Festsetzung des Gewerbesteuermessbetrags oder Zerlegungserklärungen (Nr. 3)
– Umsatzsteuererklärungen für das Kalenderjahr (Nr. 4); dies jedoch nicht, wenn die gewerbliche oder berufliche Tätigkeit vor oder mit dem Ablauf des Besteuerungszeitraums endete (§ 149 Abs. 5 AO n. F.)
– des Weiteren diverse Erklärungen zur gesonderten sowie zur gesonderten und einheitlichen Feststellung (Nr. 5-7).

Das Finanzamt kann jedoch anordnen, dass Steuererklärungen, die von zur steuerlichen Hilfeleistungen Befugten angefertigt werden, in bestimmten Fällen früher, als in § 149 Abs. 3 AO n. F. AO geregelt, abzugeben sind.

Dies nach § 149 Abs. 4 Satz 1 AO n. F. zum einen dann, wenn für den betroffenen Steuerpflichtigen:

- für den vorangegangenen Besteuerungszeitraum Erklärungen nicht oder verspätet abgegeben wurden (Nr. 1 a),
- für den vorangegangenen Besteuerungszeitraum innerhalb von drei Monaten vor Abgabe der Steuererklärung oder innerhalb von drei Monaten vor dem Beginn des Zinslaufs im Sinne des § 233a Abs. 2 Satz 1 und 2 AO[22] nachträgliche Vorauszahlungen festgesetzt wurden (Nr. 1 b),
- Vorauszahlungen für den Besteuerungszeitraum außerhalb einer Veranlagung herabgesetzt wurden (Nr. 1 c),
- die Veranlagung für den vorangegangenen Veranlagungszeitraum zu einer Abschlusszahlung von mindestens 25 Prozent der festgesetzten Steuer oder mehr als 10.000 Euro geführt hat (Nr. 1 d),
- die Steuerfestsetzung aufgrund einer Einkommensteuererklärung (§ 149 Abs. 3 Nr. 1 AO n. F.), einer Körperschaftsteuererklärung, Feststellungserklärung oder Erklärung zur Zerlegung der Körperschaftsteuer (§ 149 Abs. 3 Nr. 3 AO n. F.), oder einer Umsatzsteuerjahreserklärung (§ 149 Abs. 3 Nr. 4 AO n. F.) voraussichtlich zu einer Abschlusszahlung von mehr als 10.000 Euro führen wird (§ 149 Abs. 4 Nr. 1 e AO n. F.),
- eine Außenprüfung (§§ 193 ff. AO n. F.) vorgesehen ist (Nr. 1 f).

Zum anderen nach § 149 Abs. 4 Satz 1 AO n. F. in folgenden Fällen, in denen das Finanzamt eine Frist zur Erstellung der Steuererklärung gesetzt hat:

- für Steuerpflichtige, die im Besteuerungszeitraum einen Betrieb eröffnet oder eingestellt haben (Nr. 2),
- für Beteiligte an Gesellschaften oder Gemeinschaften, für die Verluste festzustellen sind (Nr. 3).

---

[22] Vgl. FN 20.

Die Frist beträgt vier Monate nach Bekanntgabe der Anordnung (§ 149 Abs. 4 Satz 2 AO n. F.). Alles Weitere ist in § 149 Abs. 4 Sätze 3 ff. AO n. F. geregelt.

In den genannten Fällen ist der Verspätungszuschlag festzusetzen, wenn die Steuererklärung nicht bis zu dem in der Anordnung bestimmten Zeitpunkt abgegeben wurde (§ 152 Abs. 2 Nr. 3 AO n. F.).

c) Ausnahme zur Festsetzungspflicht des Verspätungszuschlags in bestimmten Fällen

Die Pflicht zur Festsetzung eines Verspätungszuschlags gilt nach § 152 Abs. 3 n. F. nicht, wenn

– die Finanzbehörde die Frist für die Abgabe der Steuererklärung nach § 109 AO verlängert hat oder rückwirkend verlängert (Nr. 1),
– die Steuer auf null Euro oder auf einen negativen Betrag festgesetzt wird (Nr. 2),
– die festgesetzte Steuer die Summe der festgesetzten Vorauszahlungen und der anzurechnenden Steuerabzugsbeträge nicht übersteigt (Nr. 3),
– Lohnsteueranmeldungen jährlich abzugeben sind (Nr. 4).

d) Verspätungszuschlag bei mehreren Beteiligten

Sind mehrere Personen zur Abgabe einer Steuererklärung verpflichtet, kann die Finanzbehörde gemäß § 152 Abs. 4 AO n. F. nach ihrem Ermessen (§ 5 AO) entscheiden, ob sie den Verspätungszuschlag gegen eine, mehrere oder alle erklärungspflichtigen Personen festsetzt. Wird der Verspätungszuschlag gegen mehrere oder alle erklärungspflichtigen Personen festgesetzt, sind diese Gesamtschuldner (§ 44 AO) des Verspätungszuschlags. In Fällen des § 180 Abs. 1 Satz 1 Nr. 2 lit. a AO ist der Verspätungszuschlag vorrangig gegen die nach § 181 Abs. 2 Satz 2 Nr. 4 AO erklärungspflichtigen Personen festzusetzen.

e) Höhe des Verspätungszuschlags

aa) Grundsatz: mindestens 10 Euro

Der Verspätungszuschlag beträgt für jeden angefangenen Monat der eingetretenen Verspätung 0,25 Prozent der festgesetzten Steuer, mindestens jedoch 10 Euro für jeden angefangenen Monat der eingetretenen Verspätung (§ 152 Abs. 5 Satz 1 AO n. F.).

bb) Jahressteuererklärungen: mindestens 25 Euro

Für Steuererklärungen, die sich auf ein Kalenderjahr oder auf einen gesetzlich bestimmten Zeitpunkt beziehen, beträgt der Verspätungszuschlag für jeden angefangenen Monat der eingetretenen Verspätung 0,25 Prozent der um die festgesetzten Vorauszahlungen und die anzurechnenden Steuerabzugsbeträge verminderten festgesetzten Steuer, mindestens jedoch 25 Euro für jeden angefangenen Monat der eingetretenen Verspätung (§ 152 Abs. 5 Satz 2 AO n. F.).

cc) Erstmalige Aufforderung zur Abgabe

Wurde ein Erklärungspflichtiger von der Finanzbehörde erstmals nach Ablauf der gesetzlichen Erklärungsfrist zur Abgabe einer Steuererklärung innerhalb einer dort bezeichneten Frist aufgefordert und konnte er bis zum Zugang dieser Aufforderung davon ausgehen, keine Steuererklärung abgeben zu müssen, so ist der Verspätungszuschlag nur für die Monate zu berechnen, die nach dem Ablauf der in der Aufforderung bezeichneten Erklärungsfrist begonnen haben (§ 152 Abs. 5 Satz 3 AO n. F.).

dd) Steueranmeldungen

Das eben Gesagte gilt nicht für vierteljährlich oder monatlich abzugebende Steueranmeldungen sowie für nach § 41a Abs. 2 Satz 2 Halbsatz 2 EStG jährlich abzugebende Lohnsteueranmeldungen. In diesen Fällen sind bei der Bemessung des Verspätungszuschlags die Dauer und Häufigkeit der Fristüberschreitung sowie die Höhe der Steuer zu berücksichtigen (§ 152 Abs. 8 AO n. F.).

ee) Nichtabgabe der Steuererklärung

Bei Nichtabgabe der Steuererklärung ist der Verspätungszuschlag für einen Zeitraum bis zum Ablauf desjenigen Tages zu berechnen, an dem die erstmalige Festsetzung der Steuer wirksam wird. Gleiches gilt für die Nichtabgabe der Erklärung zur Festsetzung des Gewerbesteuermessbetrags, der Zerlegungserklärung oder der Erklärung zur gesonderten Feststellung von Besteuerungsgrundlagen (§ 152 Abs. 9 AO n. F.).

ff) Maximaler Zuschlag

Der Verspätungszuschlag ist auf volle Euro abzurunden. Er darf höchstens 25.000 Euro betragen (§ 152 Abs. 10 AO n. F.).

f) Verbundener Bescheid

Die Festsetzung des Verspätungszuschlags soll mit dem Steuerbescheid, dem Gewerbesteuermessbescheid oder dem Zerlegungsbescheid verbunden werden; in den Fällen des § 152 Abs. 4 AO n. F. – mehrere zur Abgabe verpflichtete Personen – kann sie mit dem Feststellungsbescheid verbunden werden (§ 152 Abs. 11 Satz 1 AO n. F.). Dabei kann die Festsetzung in den Fällen des § 152 Abs. 2 AO n. F. ausschließlich automationsgestützt erfolgen (§ 152 Abs. 11 Satz 1 AO n. F.).

g) Aufhebung oder Änderung der Steuerfestsetzung

aa) Aufhebung

Wird die Festsetzung der Steuer oder des Gewerbesteuermessbetrags oder der Zerlegungsbescheid oder die gesonderte Feststellung von Besteuerungsgrundlagen aufgehoben, so ist auch die Festsetzung eines Verspätungszuschlags aufzuheben (§ 152 Abs. 12 Satz 1 AO n. F.).

bb) Änderung

Wird die Festsetzung der Steuer, die Anrechnung von Vorauszahlungen oder Steuerabzugsbeträgen auf die festgesetzte Steuer oder die gesonderte Feststellung einkommen- oder körperschaftsteuerpflichtiger Einkünfte geändert, zurückgenommen, widerrufen oder nach § 129 AO berichtigt, so ist ein festgesetzter Verspätungszuschlag entsprechend zu ermäßigen oder zu erhöhen, soweit nicht auch nach der Änderung oder Berichtigung die Mindestbeträge anzusetzen sind (§ 152 Abs. 12 Satz 2 AO n. F.).

cc) Verlustrücktrag

Ein Verlustrücktrag nach § 10d Abs. 1 EStG oder ein rückwirkendes Ereignis im Sinne des § 175 Abs. 1 Satz 1 Nr. 2 oder Abs. 2 AO sind hierbei nicht zu berücksichtigen (§ 152 Abs. 12 Satz 3 AO n. F.).

II. Zuschlag bei Pflichtverletzungen mit Auslandsbezug (§ 162 Abs. 4 bzw. 4a AO)

Fall 1 Der Steuerpflichtige verletzt seine Mitwirkungspflichten nach § 90 Abs. 3 AO.

Lösung Die Einkünfte sind nach § 162 Abs. 3 AO zu schätzen. Des Weiteren ist ein Zuschlag nach § 162 Abs. 4 AO festzusetzen.

Fall 2 Wie Fall 1, jedoch verletzt der Steuerpflichtige seine gesteigerten Mitwirkungspflichten nach § 12 StAbwG[23].

Lösung Die Einkünfte sind ebenfalls zu schätzen. Des Weiteren ist ein Zuschlag nach § 162 Abs. 4a AO festzusetzen.

Fall 3 Wie Fälle 1 und 2, jedoch ist das Verschulden des Steuerpflichtigen entschuldbar bzw. nur geringfügig.

Lösung Hier ist von der Festsetzung des Zuschlags abzusehen (Fall 1: § 162 Abs. 4 Satz 5 AO; Fall 2: § 162 Abs. 4a Satz 2 AO).

---

[23] Gesetz zur Abwehr von Steuervermeidung und unfairem Wettbewerb; kurz: Steueroasen-Abwehrgesetz.

F. Noch nicht endgültige Steuerfestsetzung

Oftmals ist es nicht möglich, die Besteuerungsgrundlagen vor Ergehen des Steuerbescheids vollständig zu prüfen. Oder es stehen noch Entscheidungen über Rechtsnormen aus, die den Erlass des Steuerbescheids verzögern würden. Deshalb gibt es in der Abgabenordnung die Möglichkeit, die Steuerfestsetzung unter den Vorbehalt der Nachprüfung zu stellen (§ 164 AO) oder eine vorläufige Festsetzung vorzunehmen (§ 165 AO). Beide Vorschriften können ggf. auch zusammen angewendet werden (§ 165 Abs. 3 AO).

Solange Steuerfall noch nicht abschließend geprüft		Festsetzung unter Vorbehalt der Nachprüfung	vollumfänglich = der ganze Bescheid	ohne Begründung	§ 164 AO
Soweit Ungewissheit über Eintritt der Voraussetzungen der Steuerentstehung	tatsächliche Ungewissheit	vorläufige Festsetzung	soweit die Vorläufigkeit reicht	Begründung notwendig	§ 165 AO
	rechtliche Ungewissheit				

I. Nachprüfungsvorbehalt (§ 164 AO)

Die Steuern können, solange der Steuerfall nicht abschließend geprüft ist, allgemein oder im Einzelfall unter dem Vorbehalt der Nachprüfung festgesetzt werden, ohne dass es einer Begründung bedarf (§ 164 Abs. 1 Satz 1 AO).

1. Voraussetzungen

a) Steuerfestsetzung

Der Nachprüfungsvorbehalt ist zwar nach dem Wortlaut nur für die Festsetzung der Steuern zulässig. Er ist jedoch darüber hinaus auch bei allen

Festsetzungen anwendbar, für die die Vorschriften über das Steuerfestsetzungsverfahren gelten (z. B. bei Steuervergütungen, Zulagen, Prämien, gesonderten Feststellungen, Steuermessbeträgen, Zinsen).[24]

b) Keine abschließende Prüfung

Fall 1 Steuererklärung mit umfangreichen Werbungskosten aus Vermietung und Verpachtung, es wurden jedoch noch keine Einnahmen erzielt. Die Steuererklärungen der Folgejahre liegen noch nicht vor.

Lösung Da die Überschusserzielungsabsicht noch nicht abschließend geklärt werden kann, wird der Bescheid unter Vorbehalt der Nachprüfung ergehen.

Fall 2 Die Steuererklärung liegt vor, es fehlen jedoch noch Belege, die der Steuerpflichtige erst noch anfordern muss.

Lösung Auch hier kann die Steuerfestsetzung unter Vorbehalt der Nachprüfung erfolgen.

Fall 3 Das Finanzamt erlässt wegen Nichtabgabe der Steuererklärung einen Schätzbescheid (§ 162 AO). Der Fall soll dabei für eine spätere Überprüfung offen gehalten werden.

Lösung Der Bescheid wird unter Nachprüfungsvorbehalt ergehen.[25]

c) Ohne Begründung

Eine Begründung ist kraft Gesetzes nicht notwendig (§ 164 Abs. 1 Satz 1 AO). Sie ergibt sich jedoch oftmals aus den Erläuterungen zum Steuerbescheid, wenn dort beispielsweise noch die Vorlage von Belegen angefordert wird.

d) Ermessen

Die Steuerfestsetzung „kann" unter Vorbehalt der Nachprüfung erfolgen, das Finanzamt hat hierüber also nach pflichtgemäßem Ermessen zu entscheiden (§ 5 AO).

Die Formulierung „allgemein oder im Einzelfall" gewährt hierbei einen sehr weiten Ermessensspielraum.

---

[24] AEAO zu § 164 Nr. 2.
[25] AEAO zu § 162 Nr. 4.

2. Behördlicher Vorbehalt oder Vorbehalt kraft Gesetzes

Der Vorbehalt erfolgt kraft ausdrücklichen Vermerks auf dem Steuerbescheid durch die Finanzbehörde.

In einigen Fällen besteht er jedoch auch kraft Gesetzes:

Vorauszahlungsbescheid	§ 164 Abs. 1 Satz 2 AO
Steueranmeldungen	§ 168 Abs. 1 AO
Bildung von Lohnsteuerabzugsmerkmalen	§ 39 Abs. 1 Satz 4 EStG

3. Wirkungen des Nachprüfungsvorbehalts

Solange der Vorbehalt wirksam ist, bleibt der gesamte Steuerfall „offen". Die Steuerfestsetzung kann damit jederzeit, also auch nach Eintritt der Unanfechtbarkeit, im vollen Umfang aufgehoben oder geändert werden.

a) Aufhebung oder Änderung von Amts wegen

Aufhebung oder Änderungen durch das Finanzamt können sowohl zugunsten als auch zulasten des Steuerpflichtigen erfolgen. Das Finanzamt hat dabei jedoch den Vertrauensschutz nach § 176 AO zu beachten.

b) Aufhebung oder Änderung auf Antrag des Steuerpflichtigen

Auch der Steuerpflichtige kann Aufhebung oder Änderung des Steuerbescheids jederzeit beantragen (§ 164 Abs. 2 Satz 1 AO).

Die Entscheidung hierüber kann jedoch bis zur abschließenden Prüfung über den Steuerfall, die innerhalb angemessener Frist vorzunehmen ist, hinausgeschoben werden (§ 164 Abs. 2 Satz 2 AO).

4. Geänderter Steuerbescheid

Auch ein geänderter Steuerbescheid kann unter Nachprüfungsvorbehalt ergehen, wenn die Voraussetzungen vorliegen.

a) Steuerfestsetzung unter Vorbehalt kraft Vermerks

Wenn eine unter Nachprüfungsvorbehalt stehende Steuerfestsetzung geändert wird, so ist im neuen Steuerbescheid zu vermerken, ob der Vorbehalt weiterbesteht oder aufgehoben wird. Fehlt ein solcher Vermerk, so bleibt der Vorbehalt bestehen.[26]

b) Steuerfestsetzung unter Vorbehalt kraft Gesetzes

Steht die zu ändernde Festsetzung bei einer Steueranmeldung – kraft Gesetzes (§ 168 AO) – unter Nachprüfungsvorbehalt, so muss der Vorbehalt auch im ersten nach Eingang der Steuererklärung vom Finanzamt erlassenen Steuerbescheid aufgenommen werden, wenn er in diesem weiterbestehen soll. Anderenfalls wirkt der ursprüngliche Vorbehalt nicht fort.[27]

5. Beendigung des Nachprüfungsvorbehalts

Der Vorbehalt kann durch Aufhebung oder Wegfall beendet werden.

a) Aufhebung

aa) Behördlicher Vorbehalt

Der von der Finanzbehörde festgesetzte Vorbehalt kann (§ 5 AO) jederzeit von dieser aufgehoben werden (§ 164 Abs. 3 Satz 1 AO). Das kann sowohl auf Initiative der Behörde als auch auf Antrag des Steuerpflichtigen geschehen.

Die Aufhebung des Nachprüfungsvorbehalts ist auch ohne abschließende Prüfung des Steuerfalls zulässig; sie bedarf regelmäßig keiner Begründung.

---

[26] AEAO zu § 164 Nr. 6.

[27] AEAO zu § 164 Nr. 6; BFH-Urteil vom 02.12.1999, V R 19/99, BStBl. 2000 II S. 284 – Leitsatz 2: Der kraft Gesetzes für eine Steueranmeldung geltende Vorbehalt der Nachprüfung entfällt, wenn das Finanzamt nach Eingang der Steuererklärung erstmals einen Steuerbescheid ohne Nachprüfungsvorbehalt erlässt.

Fall Der Nachprüfungsvorbehalt für die Einkommensteuerfestsetzung 2017 wurde im Juni 2019 aufgehoben. Im Oktober 2019 möchte der zuständige Sachbearbeiter den Bescheid nochmals ändern.

Lösung Die Aufhebung oder Änderung einer Steuerfestsetzung kann nach Bekanntgabe der Aufhebung des Vorbehalts nicht mehr auf § 164 Abs. 2 AO gestützt werden. Eine Änderung nach §§ 172 ff. AO ist bei Vorliegen der entsprechenden Voraussetzungen jedoch möglich.[28]

bb) Außenprüfung

Nach einer Außenprüfung (§ 193 AO) ist der Vorbehalt aufzuheben, wenn sich Änderungen gegenüber der Steuerfestsetzung unter Vorbehalt der Nachprüfung nicht ergeben (§ 164 Abs. 3 Satz 3 AO).

b) Wegfall

Wird der Vorbehalt der Nachprüfung nicht ausdrücklich aufgehoben, so entfällt er kraft Gesetzes, wenn die allgemeine Festsetzungsfrist (§ 169 Abs. 2 Satz 1 AO) abläuft (§ 164 Abs. 4 Satz 1 AO).

Die für hinterzogene und leichtfertig verkürzte Steuern geltende längere Festsetzungsfrist des § 169 Abs. 2 Satz 2 AO verlängert den Vorbehalt nicht (§ 164 Abs. 4 Satz 2 AO).

Ebenso sind die Vorschriften über den Beginn der Festsetzungsfrist nach § 170 Abs. 6 AO sowie über die Ablaufhemmung nach § 171 Abs. 7, 8 und 10 AO nicht anwendbar.

6. Einspruch

a) Grundsätzliches

Der Vorbehalt ist eine unselbständige Nebenbestimmung (§ 120 AO) zum Steuerbescheid und deshalb nicht gesondert anfechtbar. Will der Steuerpflichtige gegen den Vorbehalt vorgehen, muss er darum gegen den Bescheid Einspruch einlegen (§ 347 Abs. 1 AO), für den der Vorbehalt ergangen ist.

---

[28] AEAO zu § 164 Nr. 6.

b) Änderungsbescheide

Der Steuerpflichtige kann auch gegen Änderungsbescheide vorgehen, wobei die Änderungssperre des § 351 Abs. 1 AO nicht gilt, da der Bescheid wegen des Nachprüfungsvorbehalts nicht unanfechtbar ist.

c) Ablehnungsbescheide

Fall Der Steuerpflichtige ist der Meinung, dass die Gewinnerzielungsabsicht seiner freiberuflichen Tätigkeit eindeutig bewiesen sei und beantragt deshalb, den Nachprüfungsvorbehalt für die Einkommensteuerfestsetzung 2017 aufzuheben. Der Sachbearbeiter weigert sich und erlässt einen entsprechenden Bescheid.

Lösung Wenn das Finanzamt die beantragte Aufhebung des Vorbehalts ablehnt, ist gegen den ablehnenden Bescheid der Einspruch (§§ 347 ff. AO) gegeben.[29]

II. Vorläufige Festsetzung – Aussetzung der Steuerfestsetzung (§ 165 AO)

1. Voraussetzungen

a) Steuerfestsetzung

Eine vorläufige Festsetzung ist zwar dem Wortlaut nach nur für die Festsetzung der Steuern zulässig, § 165 AO ist jedoch (wie § 164 AO) darüber hinaus auch bei allen Festsetzungen anwendbar, für die die Vorschriften über das Steuerfestsetzungsverfahren gelten.

b) Ungewissheit über Steuerentstehung

Diese Ungewissheit kann tatsächlicher oder rechtlicher Natur sein.

---

[29] AEAO zu § 347 Nr. 3.

aa) Tatsächliche Ungewissheit (§ 165 Abs. 1 Satz 1 AO)

Soweit ungewiss ist, ob die Voraussetzungen für die Entstehung einer Steuer eingetreten sind, kann sie vorläufig festgesetzt werden (§ 165 Abs. 1 Satz 1 AO).

Eine vorläufige Festsetzung ist dabei jedoch nur zulässig, sofern ungewiss ist, ob der Tatbestand verwirklicht ist, an den das Gesetz die Leistungspflicht knüpft.

Bloße Zweifel an der Auslegung des Steuergesetzes reichen nicht aus.[30]

Zweifel an:	Ungewissheit über:	§ 165 Abs. 1 Satz 1 AO anwendbar
Tatbestandsverwirklichung	Tatsachen	ja
rechtlicher Auslegung	steuerrechtliche Beurteilung	nein

bb) Rechtliche Ungewissheit (§ 165 Abs. 1 Satz 2 AO)

Eine vorläufige Festsetzung ist nach § 165 Abs. 1 Satz 2 AO auch zulässig, wenn

– ungewiss ist, ob und wann Verträge mit anderen Staaten über die Besteuerung (§ 2 AO), die sich zugunsten des Steuerpflichtigen auswirken, für die Steuerfestsetzung wirksam werden (Nr. 1),
– das BVerfG die Unvereinbarkeit eines Steuergesetzes mit dem Grundgesetz festgestellt hat und der Gesetzgeber zu einer Neuregelung verpflichtet ist (Nr. 2),
– sich aufgrund einer Entscheidung des Gerichtshofes der Europäischen Union ein Bedarf für eine gesetzliche Neuregelung ergeben kann (Nr. 2a),

---

[30] AEAO zu § 165 Nr. 1.

- die Vereinbarkeit eines Steuergesetzes mit höherrangigem Recht Gegenstand eines Verfahrens beim EuGH, dem BVerfG oder einem obersten Bundesgericht ist (Nr. 3) oder
- die Auslegung eines Steuergesetzes Gegenstand eines Verfahrens beim BFH ist (Nr. 4).

c) Ermessen

aa) Vorläufigkeitsvermerk

Die Steuerfestsetzung „kann" vorläufig erfolgen, das Finanzamt hat hierüber also nach pflichtgemäßem Ermessen zu entscheiden (§ 5 AO).

Dies gilt jedoch nur im Fall der tatsächlichen Ungewissheit nach § 165 Abs. 1 Satz 1 AO.

Von der Möglichkeit der vorläufigen Festsetzung nach § 165 Abs. 1 Satz 2 AO darf die Finanzbehörde dagegen nur dann Gebrauch machen, soweit sie hierzu durch BMF-Schreiben oder gleichlautende Erlasse der obersten Finanzbehörden der Länder angewiesen worden ist.[31]

bb) Aussetzung

Unter den Voraussetzungen der Sätze 1 oder 2 kann die Steuerfestsetzung auch gegen oder ohne Sicherheitsleistung ausgesetzt werden (§ 165 Abs. 1 Satz 4 AO).

d) Begründung

Umfang und Art der Vorläufigkeit sind anzugeben (§ 165 Abs. 1 Satz 3 AO). Das Finanzamt muss darlegen, in Bezug auf welche ungewissen Tatsachen (§ 165 Abs. 1 Satz 1 AO) oder rechtlichen Ungewissheiten (§ 165 Abs. 1 Satz 2 AO) die vorläufige Festsetzung erfolgt. Die Begründung kann nachgeholt werden (§ 126 Abs. 1 Nr. 2 AO).

---

[31] AEAO zu § 165 Nr. 6.

2. Wirkungen der vorläufigen Festsetzung

a) Vorläufigkeit, soweit die Ungewissheit reicht

Im Gegensatz zum Nachprüfungsvorbehalt (§ 164 AO) umfasst der Vorläufigkeitsvermerk nicht den gesamten Bescheid, sondern er wirkt nur so weit, wie die Ungewissheit reicht.

b) Mitberichtigung von materiellen Fehlern

Fall Nach Ergehen eines BFH-Urteils, das die Auslegung einer Norm des EStG klärt, ändert der Sachbearbeiter des Finanzamts die betroffenen Steuerfestsetzungen. Dabei fällt ihm auf, dass einige der ursprünglichen Steuerbescheide auch materielle Fehler enthalten, die andere Ursachen haben.

Lösung Wird die vorläufige Steuerfestsetzung nach Beseitigung der Ungewissheit gemäß § 165 Abs. 2 Satz 2 AO geändert, sind im Rahmen des Änderungsbetrags auch solche materiellen Fehler nach § 177 AO zu berichtigen, die mit dem Grund der Vorläufigkeit nicht im Zusammenhang stehen.[32]

3. Änderungsbescheid

Bei der Änderung einer vorläufigen Steuerfestsetzung ist im neuen Steuerbescheid zu vermerken, ob und inwieweit dieser weiterhin vorläufig ist

---

[32] AEAO zu § 165 Nr. 9; BFH-Urteil vom 02.03.2000, VI R 48/97, BStBl. II S. 332
– Leitsatz: Bei einer Änderung nach § 165 Abs. 2 Satz 2 AO 1977 sind im Rahmen des Änderungsbetrages auch solche Fehler zu berücksichtigen, die nicht mit dem Grund der Vorläufigkeit zusammenhängen.

oder für endgültig erklärt wird. Durch einen Vorläufigkeitsvermerk im Änderungsbescheid wird der Umfang der Vorläufigkeit neu bestimmt.[33]

4. Beendigung der Vorläufigkeit

Die vorläufige Steuerfestsetzung kann jederzeit für endgültig erklärt werden.

Bis zu diesem Zeitpunkt bleibt die Vorläufigkeit bestehen; für den Ablauf der Festsetzungsfrist gilt die Regelung des § 171 Abs. 8 AO.[34]

Fall Die unter Vorläufigkeitsvermerk gem. § 165 Abs. 1 Satz 2 AO ergangene Steuerfestsetzung hat sich letztlich als zutreffend erwiesen. Der Steuerpflichtige hat keine Entscheidung beantragt.

Lösung Eine Endgültigkeitserklärung ist nicht erforderlich. Die Vorläufigkeit entfällt hier mit Ablauf der – ggf. nach § 171 Abs. 8 Satz 2 AO verlängerten – Festsetzungsfrist.[35]

5. Einspruch

Wie der Vorbehalt ist auch die Vorläufigkeit eine unselbständige Nebenbestimmung (§ 120 AO) zum Steuerbescheid und deshalb nicht gesondert anfechtbar. Will der Steuerpflichtige gegen den Vorbehalt vorgehen,

---

[33] AEAO zu § 165 Nr. 7; BFH-Urteil vom 19.10.1999, IX R 23/98, BStBl. 2000 II S. 282 – Leitsatz: Das Finanzamt bestimmt durch einen geänderten Vorläufigkeitsvermerk gemäß § 165 AO 1977, der in einem Änderungsbescheid enthalten ist und an die Stelle eines dem Erstbescheid beigefügten Vorläufigkeitsvermerks tritt, den Umfang der Vorläufigkeit neu. BFH-Urteil vom 16.06.2020, VIII R 12/17, BStBl II S. 702 – Leitsatz: Ein in einem Änderungsbescheid enthaltener Vorläufigkeitsvermerk, der an die Stelle des bereits im Vorgängerbescheid enthaltenen Vorläufigkeitsvermerks tritt, bestimmt den Umfang der Vorläufigkeit neu und regelt abschließend, inwieweit die Steuer nunmehr vorläufig festgesetzt ist, wenn für den Steuerpflichtigen nach seinem objektiven Verständnishorizont nicht erkennbar ist, dass der ursprüngliche Vorläufigkeitsvermerk trotz der Änderung wirksam bleiben soll (Anschluss an BFH-Urteil vom 19.10.1999 – IX R 23/98, BFHE 190, 44, BStBl II 2000, 282, Rz 17).

[34] AEAO zu § 165 Nr. 9.

[35] AEAO zu § 165 Nr. 10.

muss er darum gegen den Bescheid Einspruch einlegen (§ 347 Abs. 1 AO), für den der Vorläufigkeitsvermerk ergangen ist.

G. Festsetzungsverjährung

Die Festsetzung im Steuerrecht ist zeitlich nicht unbegrenzt möglich. Vielmehr sind Steuerfestsetzungen und deren Aufhebung nicht mehr zulässig, wenn die Festsetzungsfrist abgelaufen ist (§ 169 Abs. 1 Satz 1 AO). Gleiches gilt für die Berichtigung wegen offenbarer Unrichtigkeiten nach § 129 AO (§ 169 Abs. 1 Satz 2 AO) und die Änderungen oder Aufhebungen von Steuerfestsetzungen.[36]

I. Anwendbarkeit

Die Vorschriften über die Festsetzungsverjährung gelten für folgende Bereiche – auch wenn zum Teil abweichende Begriffe (Feststellungs-/ Haftungsverjährung) verwendet werden:

Steuern (§ 3 Abs. 1 AO)	Steuerfestsetzung	§ 155 Abs. 1 AO	Festsetzungsverjährung
	Steuervergütung	§ 155 Abs. 5 AO	
	Steueranmeldungen	§ 150 Abs. 1 Satz 3, § 168 AO	
	Feststellungsbescheide	§ 181 Abs. 1 Satz 1 AO	Feststellungsverjährung
	Steuermessbescheide	§ 184 Abs. 1 Satz 3 AO	Festsetzungsverjährung
	Zerlegungen	§ 185 AO	
	Zuteilungen	§ 190 AO	
	Haftungsbescheide	§ 191 Abs. 3 AO	Haftungsverjährung
Steuerliche Nebenleistungen (§ 3 Abs. 4 AO)	Zinsen	§ 239 Abs. 1 Satz 1 AO	Festsetzungsverjährung

---

[36] AEAO vor §§ 169 bis 171 Nr. 2.

Zu beachten ist, dass die Vorschriften auf steuerliche Nebenleistungen (§ 3 Abs. 4 AO) nur anwendbar sind, wenn dies besonders vorgeschrieben ist (§ 1 Abs. 3 Satz 2 AO).

Deshalb gelten sie insbesondere *nicht* für

- Kosten der Vollstreckung (§ 346 AO),[37]
- Verspätungszuschläge (§ 152 AO),
- Säumniszuschläge (§ 240 AO), da diese kraft Gesetzes entstehen (§ 218 Abs. 1 Satz 1 AO) und nur der Zahlungsverjährung (§§ 228 ff. AO) unterliegen.[38]

II. Festsetzungsfrist (§ 169 AO)

1. Dauer der Festsetzungsfrist (§ 169 Abs. 2 AO)

a) Grundsätzliches

Wie lange die Festsetzungsfrist läuft, hängt davon ab, was konkret festgesetzt wird. Die wichtigsten Festsetzungsfristen finden Sie in nachfolgender Aufstellung:

1 Jahr	Verbrauchsteuern und Verbrauchsteuervergütungen (darunter fällt nicht die Umsatzsteuer)	§ 169 Abs. 2 Satz 1 Nr. 1 AO
	Zinsen	§ 239 Abs. 1 AO
4 Jahre	alle übrigen Steuern	§ 169 Abs. 2 Satz 1 Nr. 2 AO
	gilt auch für Haftungsverjährung	§ 191 Abs. 3 AO
5 Jahre	leichtfertige Steuerverkürzung	§ 169 Abs. 2 Satz 2 AO
10 Jahre	Steuerhinterziehung	

b) Verlängerung der Frist bei Steuerdelikten

Steuerhinterziehungen und -verkürzungen werden oft erst spät entdeckt, sodass die reguläre Festsetzungsfrist schon abgelaufen wäre.

---

[37] AEAO vor §§ 169 bis 171 Nr. 6.
[38] AEAO vor §§ 169 bis 171 Nr. 7.

Deshalb hat der Gesetzgeber in solchen Fällen längere Fristen vorgesehen, nämlich zehn Jahre bei Steuerhinterziehung und fünf Jahre bei leichtfertiger Steuerverkürzung (§ 169 Abs. 2 Satz 2 AO).

aa) Tatbestandsvoraussetzungen

Die objektiven und subjektiven Tatbestandsvoraussetzungen von Steuerhinterziehung (§ 370 AO) oder leichtfertiger Steuerverkürzung (§ 378 AO) müssen vorliegen.

bb) Strafgerichtliches Verfahren

Eine vorherige strafrechtliche Verurteilung ist nicht erforderlich. Die Finanzbehörde ist an Entscheidungen im strafgerichtlichen Verfahren nicht gebunden.

Fall Gegen den Steuerpflichtigen wurde ein umfangreiches Strafverfahren eingeleitet. Dabei stellt sich heraus, dass er für einige Veranlagungszeiträume wirksam Selbstanzeige erstattet hat. Des Weiteren sind einige ältere Steuerstraftaten bereits verjährt.

Lösung Strafbefreiende Selbstanzeige (§§ 371, 378 Abs. 3 AO), Eintritt der Strafverfolgungsverjährung oder sonstige Verfahrenshindernisse sind für die Festsetzungsfrist nach § 169 Abs. 2 Satz 2 AO ohne Bedeutung.[39]

cc) Handelnde Person

Das Gesetz hat den Kreis der möglichen Handelnden weit gefasst.

Zum einen kommt der Steuerschuldner oder eine Person, derer er sich zur Erfüllung seiner steuerlichen Pflichten bedient (Erfüllungsgehilfe), in Betracht, zum anderen auch jeder Dritte.

Dies gilt nur dann nicht, wenn der Steuerschuldner nachweist, dass er durch die Tat keinen Vermögensvorteil erlangt hat und dass die Tat auch nicht darauf beruht, dass er die im Verkehr erforderlichen Vorkehrungen zur Verhinderung von Steuerverkürzungen unterlassen hat (§ 169 Abs. 2 Satz 3 AO).

---

[39] AEAO zu § 169 Nr. 2.1.

dd) Teilverjährung möglich

Die verlängerte Verjährung nach § 169 Abs. 2 Satz 2 AO gilt, „soweit" eine Steuer hinterzogen oder verkürzt wurde.

Fall Die reguläre Festsetzungsfrist des § 169 Abs. 2 Satz 1 Nr. 2 AO ist abgelaufen. Der Steuerpflichtige hat jedoch Einnahmen aus Kapitalvermögen wissentlich nicht angegeben. Das Finanzamt will darüber hinaus auch noch Werbungskosten aus nichtselbständiger Arbeit kürzen.

Lösung Da der Steuerpflichtige „nur" die Kapitaleinkünfte hinterzogen hatte, wird die steuerliche Auswirkung der Werbungskosten von der verlängerten Verjährungsfrist nicht erfasst. Insoweit ist Teilverjährung eingetreten.

ee) Erbfall

Die verlängerte Festsetzungsfrist gilt auch bei Steuerhinterziehung durch (Mit-)erben.[40]

---

[40] BFH-Urteil vom 29.08.2017, VIII R 32/15 – 1. Der Erbe tritt sowohl in materieller als auch in verfahrensrechtlicher Hinsicht in die abgabenrechtliche Stellung des Erblassers ein und schuldet die Einkommensteuer als Gesamtschuldner in der Höhe, in der sie durch die Einkünfteerzielung des Erblassers entstanden ist. 2. Auch eine wegen Demenz des Erblassers unwirksame Einkommensteuererklärung führt – ist sie unrichtig oder unvollständig – zu einer Berichtigungspflicht des Erben nach § 153 Abs. 1 Satz 1 Nr. 1 und Satz 2 AO, bei deren Verletzung eine Steuerhinterziehung nach § 370 Abs. 1 Nr. 2 AO durch Unterlassen vorliegen kann. 3. Die Berichtigungspflicht des Erben nach § 153 Abs. 1 Satz 1 Nr. 1 und Satz 2 AO wird nicht dadurch ausgeschlossen, dass er bereits vor dem Tod des Erblassers Kenntnis davon hatte, dass dessen Steuererklärung unrichtig ist. 4. Die Verlängerung der Festsetzungsfrist auf zehn Jahre gemäß § 169 Abs. 2 Satz 2 und 3 1. Halbsatz AO tritt auch dann ein, wenn der als Gesamtschuldner in Anspruch genommene Erbe keine Kenntnis von der Steuerhinterziehung eines Miterben hat. 5. Jedem Erben steht die Möglichkeit zu, sich nach Maßgabe des § 169 Abs. 2 Satz 3 2. Halbsatz AO zu exkulpieren.

2. Wahrung der Festsetzungsfrist (§ 169 Abs. 1 Satz 3 AO)

Die Frist ist nach § 169 Abs. 1 Satz 3 AO gewahrt, wenn vor Ablauf der Festsetzungsfrist

– der Steuerbescheid oder im Fall des § 122a AO die elektronische Benachrichtigung den Bereich der für die Steuerfestsetzung zuständigen Finanzbehörde verlassen hat (Nr. 1),
– bei öffentlicher Zustellung nach § 10 Abs. 2 Satz 1 VwZG die Benachrichtigung bekannt gemacht oder veröffentlicht wird (Nr. 2).

Fall Der Bescheid wurde zwar vor Ablauf der Verjährungsfrist per Post an den Steuerpflichtigen geschickt, er ist diesem jedoch nicht zugegangen.

Lösung Die Festsetzungsfrist nach § 169 Abs. 1 Satz 3 Nr. 1 AO ist nur dann gewahrt, wenn der vor Fristablauf zur Post gegebene „Steuerbescheid" dem Empfänger nach Ablauf der Frist tatsächlich zugeht.[41]

III. Beginn der Festsetzungsfrist (§ 170 AO)

1. Beginn mit Steuerentstehung – Grundsatz (§ 170 Abs. 1 AO)

In § 170 Abs. 1 AO ist folgender Grundsatz festgeschrieben: Die Festsetzungsfrist beginnt mit Ablauf des Kalenderjahres, in dem die Steuer (§ 37 AO) entstanden ist oder eine bedingt entstandene Steuer unbedingt geworden ist.

Der Zeitpunkt der Entstehung der Ansprüche aus dem Steuerschuldverhältnis ist in § 38 AO und den Einzelgesetzen (beispielsweise § 36 Abs. 1

---

[41] AEAO zu § 169 Nr. 1; Beschluss des Großen Senats des BFH vom 25.11.2002, GrS 2/01, BStBl. 2003 II S. 548 – Leitsatz: Die Festsetzungsfrist ist nicht gemäß § 169 Abs. 1 Satz 3 Nr. 1 AO 1977 gewahrt, wenn der Steuerbescheid, der vor Ablauf der Festsetzungsfrist den Bereich der für die Steuerfestsetzung zuständigen Finanzbehörde verlassen hat, dem Empfänger nicht zugeht.

EStG, § 30 KStG, § 13 Abs. 1 UStG, § 18 GewStG, § 9 Abs. 2 GrStG, § 9 ErbStG) geregelt.[42]

2. Anlaufhemmung – Sonderregelungen (§ 170 Abs. 2 bis 5 AO)

Die Anlaufhemmung schiebt den Beginn der Festsetzungsfrist hinaus.

Beginn der Festsetzungsfrist				
Grundsätzlich:	mit Steuerentstehung			§ 170 Abs. 1 AO
Ausnahmen:		Steuererklärung, Steueranmeldung einzureichen, Anzeige zu erstatten		§ 170 Abs. 2 Satz 1 Nr. 1 AO
		Steuer durch Verwendung von Steuerzeichen oder Steuerstemplern zu zahlen		§ 170 Abs. 2 Satz 1 Nr. 2 AO
Die Ausnahmen gelten nicht für:	Verbrauchsteuern	ausgenommen Energiesteuer auf Erdgas und die Stromsteuer		§ 170 Abs. 2 Satz 2 AO
Weitere Ausnahmen:		Steuer oder Steuervergütung nur auf Antrag festgesetzt		§ 170 Abs. 3 AO
		Vermögensteuer oder Grundsteuer		§ 170 Abs. 4 AO
		Erbschaft- und Schenkungsteuer		§ 170 Abs. 5 AO
		bestimmte Nicht-EU-Kapitalerträge		§ 170 Abs. 6 AO
		bestimmte Drittstaaten-Gesellschaften		§ 170 Abs. 7 AO
		rückwirkende Ereignisse		§ 175 Abs. 1 Satz 2 AO

An der Tabelle ist zu erkennen, dass die Sonderregelungen viel häufiger greifen, als der Grundsatz.

---

[42] AEAO zu § 170 Nr. 1 und AEAO zu § 38 Nr. 1.

a) Steuererklärung, Steueranmeldung, Anzeige (§ 170 Abs. 2 Satz 1 Nr. 1 AO)

Wenn eine Steuererklärung oder eine Steueranmeldung einzureichen oder eine Anzeige zu erstatten ist, beginnt die Festsetzungsfrist mit Ablauf des Kalenderjahres, in dem die Steuererklärung, die Steueranmeldung oder die Anzeige eingereicht wird, spätestens jedoch mit Ablauf des dritten Kalenderjahres, das auf das Kalenderjahr folgt, in dem die Steuer entstanden ist, es sei denn, dass die Festsetzungsfrist nach § 170 Abs. 1 AO später beginnt (§ 170 Abs. 2 Satz 1 Nr. 1 AO).

Fall 1 Der Steuerpflichtige hat seine Einkommensteuererklärung für 2017 am 14. Januar 2019 eingereicht.

Lösung Die Festsetzungsfrist beginnt mit Ablauf des Kalenderjahres der Einreichung, also mit Ablauf 2019.

Fall 2 Der Steuerpflichtige hat seine Steuererklärung für 2015 am 14. Januar 2019 eingereicht.

Lösung Die Festsetzungsfrist beginnt spätestens mit Ablauf des dritten Kalenderjahres der Steuerentstehung, also mit Ablauf 2018.

Fall 3 Der Steuerpflichtige hat seine Steuererklärung für 2015 überhaupt nicht eingereicht.

Lösung Die Festsetzungsfrist beginnt spätestens mit Ablauf des dritten Kalenderjahres der Steuerentstehung, also mit Ablauf 2018. Das ist auch dann der Fall, wenn er überhaupt keine Steuererklärung abgegeben hat.

Hinweis Die Anlaufhemmung nach § 170 Abs. 2 AO gilt für alle Besitz- und Verkehrssteuern, für die aufgrund allgemeiner gesetzlicher Vorschriften (beispielsweise § 181 Abs. 2 AO, § 25 EStG, § 14a GewStG, § 31 KStG, § 18 UStG) oder aufgrund einer Aufforderung der Finanzbehörde (§ 149 Abs. 1 Satz 2 AO) eine Steuererklärung oder Steueranmeldung einzureichen oder eine Anzeige zu erstatten ist; gesetzliche Vorschrift ist dabei auch eine Rechtsverordnung (§ 4 AO).[43]

---

[43] AEAO zu § 170 Nr. 3.

b) Steuerzeichen, Steuerstempler (§ 170 Abs. 2 Satz 1 Nr. 2 AO)

Der Beginn der Festsetzungsfrist bei der Verwendung von Steuerzeichen und Steuerstemplern ist in § 170 Abs. 2 Satz 1 Nr. 2 AO geregelt.

c) Verbrauchsteuern (§ 170 Abs. 2 Satz 2 AO)

Die Ausnahmeregeln des § 170 Abs. 2 Satz 1 AO gelten nicht für Verbrauchsteuern, ausgenommen die Energiesteuer auf Erdgas und die Stromsteuer (§ 170 Abs. 2 Satz 2 AO).

d) Nur auf Antrag festgesetzte Steuern oder Steuervergütungen (§ 170 Abs. 3 AO)

§ 170 Abs. 3 AO gilt dabei nicht für die Erstfestsetzung, sondern für Aufhebungen, Änderungen dieser Festsetzungen oder für ihre Berichtigung nach § 129 AO.

e) Vermögensteuer oder Grundsteuer (§ 170 Abs. 4 AO)

Wird durch Anwendung des § 170 Abs. 2 Satz 1 Nr. 1 AO auf die Vermögensteuer oder die Grundsteuer der Beginn der Festsetzungsfrist hinausgeschoben, so wird der Beginn der Festsetzungsfrist für die folgenden Kalenderjahre des Hauptveranlagungszeitraums (§ 15 VStG, § 16 GrStG) jeweils um die gleiche Zeit hinausgeschoben (§ 170 Abs. 4 AO).

f) Erbschaft- und Schenkungsteuer (§ 170 Abs. 5 AO)

Hier finden sich in § 170 Abs. 5 AO Sonderregeln, die nach

- Erwerb von Todes wegen (Nr. 1),
- Schenkungen (Nr. 2) und
- Zweckzuwendungen unter Lebenden (Nr. 3)

differenzieren und entweder auf die Kenntniserlangung (Nr. 1 und 2), den Tod des Schenkers (Nr. 2) oder auf die Erfüllung der Verpflichtung (Nr. 3) abstellen.

g) Bestimmte Nicht-EU-Kapitalerträge (§ 170 Abs. 6 AO)

Hierfür ist der Beginn der Festsetzungsfrist in § 170 Abs. 6 AO geregelt.

Für die Steuer, die auf Kapitalerträge entfällt, die 1. aus Staaten oder Territorien stammen, die nicht Mitglieder der Europäischen Union oder der Europäischen Freihandelsassoziation sind, und 2. nicht nach Verträgen im Sinne des § 2 Abs. 1 AO oder hierauf beruhenden Vereinbarungen automatisch mitgeteilt werden, beginnt die Festsetzungsfrist frühestens mit Ablauf des Kalenderjahres, in dem diese Kapitalerträge der Finanzbehörde durch Erklärung des Steuerpflichtigen oder in sonstiger Weise bekannt geworden sind, spätestens jedoch zehn Jahre nach Ablauf des Kalenderjahres, in dem die Steuer entstanden ist

h) Bestimmte Drittstaatengesellschaften (§ 170 Abs. 7 AO)

Für Steuern auf Einkünfte oder Erträge, die in Zusammenhang stehen mit Beziehungen zu einer Drittstaat-Gesellschaft im Sinne des § 138 Abs. 3 AO, auf die der Steuerpflichtige allein oder zusammen mit nahestehenden Personen im Sinne des § 1 Abs. 2 des Außensteuergesetzes unmittelbar oder mittelbar einen beherrschenden oder bestimmenden Einfluss ausüben kann, beginnt die Festsetzungsfrist frühestens mit Ablauf des Kalenderjahres, in dem diese Beziehungen durch Mitteilung des Steuerpflichtigen oder auf andere Weise bekannt geworden sind, spätestens jedoch zehn Jahre nach Ablauf des Kalenderjahres, in dem die Steuer entstanden ist (§ 170 Abs. 7 AO).

i) Rückwirkende Ereignisse (§ 175 Abs. 1 Satz 2 AO)

Ist ein Steuerbescheid aufgrund eines rückwirkenden Ereignisses zu erlassen, aufzuheben oder zu ändern, dann beginnt die Festsetzungsfrist mit Ablauf des Kalenderjahres, in dem das Ereignis eintritt (§ 175 Abs. 1 Satz 2 AO).

IV. Ablaufhemmung (§ 171 AO)

Durch die Ablaufhemmung wird das Ende der Festsetzungsfrist hinausgeschoben. Die Festsetzungsfrist endet dann meistens nicht – wie im Normalfall – am Ende, sondern während des Kalenderjahres.[44]

---

[44] AEAO zu § 171 Nr. 1.

Höhere Gewalt	§ 171 Abs. 1 AO
Offenbare Unrichtigkeit (§ 129 AO) und Schreib- oder Rechenfehler bei Erstellung einer Steuererklärung (§ 173a AO)	§ 171 Abs. 2 AO
Außerhalb des Einspruchs- oder Klageverfahrens Antrag auf Steuerfestsetzung oder Aufhebung oder Änderung der Steuerfestsetzung oder Berichtigung nach § 129 AO	§ 171 Abs. 3 AO
Einspruch oder Klage	§ 171 Abs. 3a AO
Außenprüfung	§ 171 Abs. 4 AO
Ermittlung der Besteuerungsgrundlagen durch Zollfahndungs- oder Steuerfahndungsstellen	§ 171 Abs. 5 AO
Außenprüfung im Geltungsbereich der AO nicht durchführbar	§ 171 Abs. 6 AO
Steuerhinterziehung oder leichtfertige Verkürzung	§ 171 Abs. 7 AO
Aussetzung der Festsetzung oder vorläufige Festsetzung (§ 165 AO)	§ 171 Abs. 8 AO
Berichtigung der Steuererklärung durch den Steuerpflichtigen (§ 150 AO) oder Selbstanzeige (§§ 371, 380 Abs. 3 AO)	§ 171 Abs. 9 AO
Bindender Grundlagenbescheid	§ 171 Abs. 10 AO
Datenübermittlung durch Dritte (§ 93c AO)	§ 171 Abs. 10a AO
Geschäftsunfähige oder beschränkt geschäftsfähige Person ohne gesetzlichen Vertreter	§ 171 Abs. 11 AO
Steuer gegen einen Nachlass	§ 171 Abs. 12 AO
Steueranmeldung im Insolvenzverfahren	§ 171 Abs. 13 AO
Steueranspruch im Zusammenhang mit einem Erstattungsanspruch	§ 171 Abs. 14 AO
Dritter ist steuerentrichtungspflichtig	§ 171 Abs. 15 AO

1. Höhere Gewalt (§ 171 Abs. 1 AO)

Das Ereignis, beispielsweise Unwetter, Erdbeben, Überschwemmung, Brand, Sabotage oder Streik, muss innerhalb der letzten sechs Monate des Fristlaufs eingetreten sein (§ 171 Abs. 1 AO).

2. Offenbare Unrichtigkeit (§ 171 Abs. 2 AO)

Bei offenbaren Unrichtigkeiten (§ 129 AO) und Schreib- oder Rechenfehlern bei Erstellung einer Steuererklärung (§ 173a AO) endet die Festsetzungsfrist insoweit nicht vor Ablauf eines Jahres nach Bekanntgabe dieses Steuerbescheids (§ 171 Abs. 2 AO). „Insoweit" bedeutet, dass die Ablaufhemmung nicht den gesamten Steuerbescheid erfasst, sondern nur den Teil der Steuerfestsetzung, der sich aus der offenbaren Unrichtigkeit ergibt.

3. Antrag des Steuerpflichtigen (§ 171 Abs. 3 AO)

Fall 1 Die Festsetzungsfrist läuft am 31. Dezember 2018 ab. Der Antrag des Steuerpflichtigen geht am 20. Dezember 2018 bei der Finanzbehörde ein.

Lösung Hat der Steuerpflichtige vor Ablauf der Festsetzungsfrist einen Antrag auf Steuerfestsetzung oder Korrektur einer Steuerfestsetzung gestellt, tritt die Ablaufhemmung nach § 171 Abs. 3 AO ein.

Fall Abwandlung Der Antrag des Steuerpflichtigen geht erst am 10. Januar 2019 bei der Finanzbehörde ein, zusammen mit einem Antrag auf Wiedereinsetzung.

Lösung Ist der Antrag nicht innerhalb der Festsetzungsfrist eingegangen, kann seitens der Finanzbehörden keine Wiedereinsetzung in den vorigen Stand (§ 110 AO) mit dem Ziel einer rückwirkenden Ablaufhemmung nach § 171 Abs. 3 AO gewährt werden.[45]

Fall 2 Der Steuerpflichtige erzielt Einkünfte aus Gewerbebetrieb und reicht einen Tag vor Ablauf der Festsetzungsfrist seine Einkommensteuererklärung ein. Weitere Erklärungen oder Anträge fügt er nicht bei.

Lösung Die Abgabe einer gesetzlich vorgeschriebenen Steuererklärung stellt für sich allein keinen Antrag nach § 171 Abs. 3 AO dar und führt damit die Ablaufhemmung grundsätzlich nicht herbei.[46]

---

[45] AEAO zu § 171 Nr. 2.1; BFH-Urteil vom 24.01.2008, VII R 3/07, BStBl. II S. 462 – Leitsatz: Fällt der Ablauf der Frist für die Beantragung einer Steuervergütung mit dem Ablauf der Festsetzungsfrist zusammen und wird ein entsprechender Antrag erst nach Ablauf der Festsetzungsfrist und damit nach dem Erlöschen des Vergütungsanspruchs gestellt, kommt eine Wiedereinsetzung in den vorigen Stand nach § 110 Abs. 1 AO mit der Folge einer rückwirkenden Ablaufhemmung nach § 171 Abs. 3 AO nicht in Betracht.

[46] AEAO zu § 171 Nr. 2.2 AO; BFH-Urteil vom 18.06.1991, VIII R 54/89, BStBl. 1992 II S. 124 – Leitsatz 1: Die Abgabe einer gesetzlich vorgeschriebenen Steuererklärung stellt grundsätzlich keinen den Ablauf der Festsetzungsfrist hemmenden Antrag auf Steuerfestsetzung i. S. des § 171 Abs. 3 AO 1977 dar.

Fall 2 Abwandlung Wie im Grundfall, nur erzielt der Steuerpflichtige statt der gewerblichen Einkünfte solche aus nicht selbständiger Tätigkeit, für die unterjährig Lohnsteuer abgeführt wurde.

Lösung Bei Antragsveranlagung nach § 46 Abs. 2 Nr. 8 EStG ist die Abgabe der Einkommensteuer ein (konkludenter) Antrag nach § 171 Abs. 3 AO. Dies auch ohne ausdrücklich gestellten Antrag auf Steuerfestsetzung.[47]

Fall 3 Der fristgerechte Änderungsantrag des Steuerpflichtigen vom 20.12.2018 bezieht sich auf die Einkünfte aus Gewerbebetrieb. Am 10.01.2019 bemerkt er, dass das Finanzamt seine Sonderausgaben nicht berücksichtigt hat.

Lösung Wie bei § 172 Abs. 2 AO gilt auch bei § 172 Abs. 3 AO die Teilverjährung („insoweit"). Die Festsetzungsfrist für die Sonderausgaben ist somit abgelaufen.

4. Einspruch oder Klage (§ 171 Abs. 3a AO)

a) Hemmung durch zulässigen Rechtsbehelf

Wird ein Steuerbescheid mit Einspruch (§§ 347 ff. AO) oder Klage (§§ 40 ff. FGO) angefochten, so läuft die Festsetzungsfrist nicht ab, bevor über den Rechtsbehelf entschieden worden ist. Dies gilt auch dann, wenn der Rechtsbehelf erst nach Ablauf der Festsetzungsfrist eingelegt wird (§ 171 Abs. 3a Satz 1 AO).

Der Ablauf der Festsetzungsfrist ist hinsichtlich des gesamten Steueranspruchs gehemmt; dies gilt nicht, soweit der Rechtsbehelf unzulässig ist (§ 171 Abs. 3a Satz 2 AO), weil beispielsweise der Rechtsbehelf nicht statthaft ist, Formerfordernisse oder Fristen nicht eingehalten wurden oder keine Beschwer vorliegt.

---

[47] AEAO zu § 171 Nr. 2.2 AO; BFH-Urteil vom 20.01.2016, VI R 14/15, BStBl. II S. 380 – Leitsatz 2: Der Antrag auf Veranlagung nach § 46 Abs. 2 Nr. 8 Satz 2 EStG ist ein Antrag i. S. des § 171 Abs. 3 AO.

Gegenüberstellung Hemmung durch Änderungsantrag bzw. durch Einspruch oder Klage:

	§ 171 Abs. 3 AO	§ 171 Abs. 3a AO
Hemmung durch	Antrag	Einspruch, Klage
vor Ablauf der Festsetzungsfrist	ja	ja
nach Ablauf der Festsetzungsfrist	nein	ja
Umfang der Hemmung	„insoweit"	„gesamter Steueranspruch"

b) Kassatorische Entscheidungen

In den Fällen des §§ 100 Abs. 1 Satz 1, Abs. 2 Satz 2, Abs. 3 Satz 1, 101 FGO ist über den Rechtsbehelf erst dann unanfechtbar entschieden, wenn ein aufgrund der genannten Vorschriften erlassener Steuerbescheid unanfechtbar geworden ist (§ 171 Abs. 3a Satz 3 AO).

Die Normen betreffen die Aufhebung angefochtener Verwaltungsakte durch Urteil (§ 100 FGO) sowie Urteile auf Erlass eines Verwaltungsakts (§ 101 FGO).

Hierbei handelt es sich um kassatorische Entscheidungen, bei denen das Gericht also nicht selbst einen geänderten Bescheid erlässt, sondern die Sache an die Ausgangsbehörde (Finanzbehörde) zur erneuten Entscheidung – ggf. nach gerichtlichen Vorgaben – zurückverweist.

5. Außenprüfung (§ 171 Abs. 4 AO)

Der Ablauf der Festsetzungsfrist wird durch den Beginn einer Außenprüfung (§ 198 AO) hinausgeschoben (§ 171 Abs. 4 AO).

a) Prüfungsanordnung

Die Ablaufhemmung tritt nicht ein, wenn eine zugrunde liegende Prüfungsanordnung (§ 196 AO) unwirksam ist.

Fall 1 Die Festsetzungsfrist für Einkommensteuer und Umsatzsteuer 2014 endet für den Steuerpflichtigen jeweils am 31.12.2018. Die am 15.10.2018 ergangene Prüfungsanordnung bezieht sich auf die Einkommensteuer 2014, nicht jedoch auf die Umsatzsteuer 2014.

Lösung   Durch eine Außenprüfung wird der Ablauf der Festsetzungsfrist nur für die Steuern gehemmt, auf die sich die Prüfungsanordnung erstreckt.[48]

Fall 2   Wie Fall 1, nur wird die Außenprüfung am 04.12.2018 auf die Umsatzsteuer 2014 ausgeweitet. Der Prüfungsbeginn verzögert sich jedoch bis Februar 2019.

Lösung   Wenn die Außenprüfung später auf bisher nicht einbezogene Steuern ausgedehnt wird, ist die Ablaufhemmung nur wirksam, soweit vor Ablauf der Festsetzungsfrist eine Prüfungsanordnung erlassen und mit der Außenprüfung auch insoweit ernsthaft begonnen wird.[49]

b) Verschiebung des Prüfungsbeginns

Bei einem Antrag des Steuerpflichtigen auf Verschiebung des Prüfungsbeginns (§ 197 Abs. 2 AO) wird der Ablauf der Festsetzungsfrist nach § 171 Abs. 4 Satz 1, 2. Alt. AO nur gehemmt, wenn dieser Antrag für die Verschiebung ursächlich war.[50]

Fall 1   Der Beginn der Außenprüfung wird nicht aufgrund fristgerechten Antrags des Steuerpflichtigen, sondern wegen Erkrankung der Prüferin verschoben.

Lösung   Wenn der Beginn der Außenprüfung nicht maßgeblich aufgrund eines Antrags des Steuerpflichtigen, sondern aufgrund eigener Belange der Finanzbehörde bzw. aus innerhalb deren Sphäre liegenden Gründen hinausgeschoben wird, läuft die Festsetzungsfrist ungeachtet des Antrags ab.[51]

Fall 2   Der Steuerpflichtige beantragt, wegen Betriebsurlaubs den Beginn der Außenprüfung um vier Wochen zu verschieben. Tatsächlich beginnt die Prüfung dann wegen Überlastung des Finanzamtes erst zweieinhalb Jahre später.

---

[48]   AEAO zu § 171 Nr. 3.2; BFH-Urteil vom 18.07.1991, V R 54/87, BStBl. II S. 824 – Leitsatz: Die Durchführung einer Außenprüfung hemmt nicht den Ablauf der Festsetzungsfrist für solche Steuern, die in der Prüfungsanordnung nicht als Prüfungsgegenstand bestimmt sind.

[49]   AEAO zu § 171 Nr. 3.2.

[50]   AEAO zu § 171 Nr. 3.3.

[51]   AEAO zu § 171 Nr. 3.3.

Lösung Hat der Steuerpflichtigen einen Antrag auf zeitlich befristetes Hinausschieben des Beginns der Außenprüfung gestellt, entfällt dessen ungeachtet die Ablaufhemmung nach § 171 Abs. 4 Satz 1, 2. Alt. AO rückwirkend, wenn die Finanzbehörde nicht vor Ablauf von zwei Jahren nach Eingang des Antrags mit der Prüfung beginnt.[52]

Fall 3 Der Steuerpflichtige hat gegen die Prüfungsanordnung Rechtsmittel eingelegt und Aussetzung der Vollziehung erhalten.

Lösung Hat der Steuerpflichtige die Prüfungsanordnung angefochten hat und wurde deren Vollziehung ausgesetzt (§ 361 AO), wird dadurch auch der Ablauf der Festsetzungsfrist gehemmt. Dies gilt unabhängig von der Dauer der Aussetzung der Vollziehung.[53]

c) Unterbrechung der Außenprüfung

Die Festsetzungsfrist wird nicht gehemmt, wenn eine Außenprüfung unmittelbar nach ihrem Beginn[54] für die Dauer von mehr als sechs Monaten aus Gründen unterbrochen wird, die die Finanzbehörde zu vertreten hat (§ 171 Abs. 4 Satz 2 AO).

Fall Die Außenprüfung wird nach Prüfungsbeginn wegen Überlastung der Prüferin ein Jahr unterbrochen.

Lösung Da die Finanzbehörde die mehr als sechs Monate dauernde Unterbrechung zu vertreten hat, wird die Festsetzungsfrist nicht hinausgeschoben.

---

[52] AEAO zu § 171 Nr. 3.3.1; BFH-Urteil vom 17.03.2010, IV R 54/07, BStBl. 2011 II S. 7 – Leitsatz: Auch bei einem Antrag auf befristetes Hinausschieben des Beginns der Außenprüfung, der für das Verschieben des Prüfungsbeginns ursächlich ist, entfällt die Ablaufhemmung nach § 171 Abs. 4 Satz 1 2. Alternative AO nur, wenn die Finanzbehörde nicht vor Ablauf von zwei Jahren nach Eingang des Antrags mit der Prüfung beginnt (Heranziehung des in § 171 Abs. 8 Satz 2 und Abs. 10 AO enthaltenen Rechtsgedankens).

[53] AEAO zu § 171 Nr. 3.4.

[54] BFH-Urteil vom 12.06.2018, VIII R 46/15 – NV – Leitsatz 1: Eine Außenprüfung ist dann nicht mehr – i. S. des § 171 Abs. 4 Satz 2 AO – unmittelbar nach ihrem Beginn unterbrochen, wenn die Prüfungshandlungen von Umfang und Zeitaufwand, gemessen an dem gesamten Prüfungsstoff, erhebliches Gewicht erreicht oder erste verwertbare Ergebnisse gezeigt haben.

d) Auswirkungen der Außenprüfung auf die Festsetzungsfrist

aa) Hemmung der Festsetzungsfrist

Die Festsetzungsfrist läuft nicht ab, bevor die aufgrund der Außenprüfung zu erlassenden Steuerbescheide unanfechtbar geworden sind oder nach Bekanntgabe der Mitteilung gemäß § 202 Abs. 1 Satz 3 AO drei Monate verstrichen sind (§ 171 Abs. 4 Satz 1 AO).

bb) Spätestes Ende der Festsetzungsfrist

Die Festsetzungsfrist endet spätestens, wenn seit Ablauf des Kalenderjahres, in dem die Schlussbesprechung stattgefunden hat, die in § 169 Abs. 2 AO genannten Fristen verstrichen ist. Ist eine Schlussbesprechung unterblieben, laufen die Fristen seit Ablauf des Kalenderjahres, in dem die letzten Ermittlungen im Rahmen der Außenprüfung stattgefunden haben.

Eine Ablaufhemmung nach anderen Vorschriften bleibt unberührt (§ 171 Abs. 4 Satz 3 AO).

> **Fall** Die Überprüfung wurde abgeschlossen, die Erstellung des Prüfberichts zieht sich jedoch noch hin.

> **Lösung** Nur diejenigen Maßnahmen eines Betriebsprüfers, die auf eine Überprüfung der Besteuerungsgrundlagen oder die Feststellung noch nicht bekannter Sachverhaltselemente gerichtet sind, stellen Ermittlungen i. S. d. § 171 Abs. 4 Satz 3 AO dar. Die Zusammenstellung des Prüfungsergebnisses im Prüfungsbericht ist hingegen keine den Ablauf der Festsetzungsfrist hinausschiebende Ermittlungshandlung.[55]

6. Ermittlung der Besteuerungsgrundlagen durch Zollfahndungs- oder Steuerfahndungsstellen (§ 171 Abs. 5 AO)

a) Ermittlung der Besteuerungsgrundlagen

Beginnen die Behörden des Zollfahndungsdienstes oder die mit der Steuerfahndung betrauten Dienststellen der Landesfinanzbehörden vor Ablauf

---

[55] AEAO zu § 171 Nr. 3.6.

der Festsetzungsfrist beim Steuerpflichtigen mit Ermittlungen der Besteuerungsgrundlagen, so läuft die Festsetzungsfrist nicht ab, bevor die aufgrund der Ermittlungen zu erlassenden Steuerbescheide unanfechtbar geworden sind (§ 171 Abs. 5 Satz 1 AO).

Der Verweis auf § 171 Abs. 4 Satz 2 AO bedeutet, dass die Hemmung dann nicht eintritt, wenn die Ermittlungshandlungen unmittelbar nach ihrem Beginn für die Dauer von mehr als sechs Monaten aus Gründen unterbrochen werden, die die Finanzbehörde zu vertreten hat.

b) Bekanntgabe des Steuerstraf- oder Bußgeldverfahrens

Das Gleiche gilt, wenn dem Steuerpflichtigen vor Ablauf der Festsetzungsfrist die Einleitung des Steuerstraf- oder Bußgeldverfahrens wegen einer Steuerordnungswidrigkeit bekannt gegeben worden ist; die Regeln über die Wahrung der Frist (§ 169 Abs. 1 Satz 3 AO) gelten sinngemäß (§ 171 Abs. 5 Satz 2 AO).

c) Umfang der Ablaufhemmung

Die Ablaufhemmung des § 171 Abs. 5 AO tritt nur in dem Umfang ein, in dem sich die Ergebnisse der Ermittlungen der Steuerfahndung (Zollfahndung) auf die festzusetzende Steuer auswirken.[56]

d) Verhältnis zur Ablaufhemmung nach § 171 Abs. 9 AO

Die Ablaufhemmung nach § 171 Abs. 9 AO (Berichtigung der Steuererklärung durch den Steuerpflichtigen oder Selbstanzeige) schließt den Eintritt der Ablaufhemmung nach § 171 Abs. 5 Satz 1 AO nicht generell aus, wenn die Ermittlungen der Steuerfahndung vor dem Ablauf der ungehemmten Festsetzungsfrist beginnen und die Steuerfestsetzung auf den Ermittlungen der Steuerfahndung beruht.

Ein solches "Beruhen" der Steuerfestsetzungen auf rechtzeitig begonnenen Ermittlungen setzt voraus, dass die Steuerfahndung vor Ablauf der

---

[56] AEAO zu § 171 Nr. 4; BFH-Urteil vom 14.04.1999, XI R 30/96, BStBl. II S. 478 – Leitsatz: Die Ablaufhemmung des § 171 Abs. 5 AO 1977 umfasst – anders als im Fall des § 171 Abs. 4 AO 1977 – nicht den gesamten Steueranspruch; vielmehr tritt die Hemmung nur in dem Umfang ein, in dem sich die Ergebnisse der Ermittlungen auf die festzusetzende Steuer auswirken.

ungehemmten Festsetzungsfrist Ermittlungshandlungen vornimmt, die konkret der Überprüfung der nacherklärten Besteuerungsgrundlagen dienen.[57]

7. Außenprüfung im Geltungsbereich der Abgabenordnung nicht durchführbar (§ 171 Abs. 6 AO)

Ist bei Steuerpflichtigen eine Außenprüfung im Geltungsbereich der Abgabenordnung (§ 1 AO) nicht durchführbar, wird der Ablauf der Festsetzungsfrist auch durch sonstige Ermittlungshandlungen i. S. d. § 92 AO gehemmt, bis die aufgrund dieser Ermittlungen erlassenen Steuerbescheide unanfechtbar geworden sind (§ 171 Abs. 6 Satz 1 AO).

Beweismittel nach § 92 AO sind dabei insbesondere:

- das Einholen von Auskünften jeder Art von den Beteiligten und anderen Personen (Nr. 1),
- das Zuziehen von Sachverständigen (Nr. 2),
- das Beiziehen von Urkunden und Akten (Nr. 3),
- die Inaugenscheinnahme (Nr. 4).

Die Ablaufhemmung tritt jedoch nur dann ein, wenn der Steuerpflichtige vor Ablauf der Festsetzungsfrist auf den Beginn der Ermittlungen nach Satz 1 hingewiesen worden ist (§ 171 Abs. 6 Satz 2 AO); die Regeln des § 169 Abs. 1 Satz 3 AO über die Wahrung der Frist gelten sinngemäß.

8. Steuerhinterziehung oder leichtfertige Verkürzung (§ 171 Abs. 7 AO)

In den Fällen des § 169 Abs. 2 Satz 2 AO endet die Festsetzungsfrist nicht, bevor die Verfolgung der Steuerstraftat oder der Steuerordnungswidrigkeit verjährt ist (§ 171 Abs. 7 AO).

---

[57] BFH-Urteil vom 03.07.2018, VIII R 9/16, Bestätigung der Senatsrechtsprechung im BFH-Urteil vom 17.11.2015 VIII R 68/13, BFHE 252, 210, BStBl II 2016, 571.

a) Steuerhinterziehung

Die Verjährungsfristen für Steuerstraftaten sind in der Abgabenordnung sowie im Strafgesetzbuch (StGB) geregelt.

aa) Steuerhinterziehung

Da die Steuerhinterziehung (§ 370 Abs. 1 AO) mit Freiheitsstrafe bis zu fünf Jahren oder Geldstrafe geahndet wird, beträgt die strafrechtliche Verjährungsfrist fünf Jahre (§ 78 Abs. 3 Nr. 4 StGB).

bb) Besonders schwerer Fall der Steuerhinterziehung

Liegt ein besonders schwerer Fall der Steuerhinterziehung nach § 370 Abs. 3 AO vor, beträgt die Verjährungsfrist fünfzehn Jahre (§ 376 AO).

Die Regelung weicht damit von § 78 Abs. 4 StGB (keine Verlängerung bei besonders schweren Fällen) ab.

b) Leichtfertige Steuerverkürzung

Die Verjährung für Steuerordnungswidrigkeiten (§ 378 Abs. 2 AO) beträgt gemäß § 384 AO fünf Jahre.

Auch hier handelt es sich um eine Sonderregelung der AO, da nach § 31 OWiG die Verjährungsfrist nur drei Jahre betragen würde, weil die leichtfertige Steuerverkürzung mit einer Geldbuße bis zu 50.000 € geahndet werden kann. Damit wäre die Verjährungsfrist für die Verfolgung von Steuerordnungswidrigkeiten kürzer als die Festsetzungsfrist nach § 169 Abs. 2 Satz 2 AO, was vom Gesetzgeber nicht gewollt ist.

9. Aussetzung der Festsetzung oder vorläufige Festsetzung (§ 171 Abs. 8 AO)

Ist die Festsetzung einer Steuer nach § 165 AO ausgesetzt oder die Steuer vorläufig festgesetzt worden, so endet die Festsetzungsfrist nicht vor dem Ablauf eines Jahres, nachdem die Ungewissheit beseitigt ist und die Finanzbehörde hiervon Kenntnis erhalten hat (§ 171 Abs. 8 Satz 1 AO).

In den Fällen des § 165 Abs. 1 Satz 2 AO endet die Festsetzungsfrist nicht vor Ablauf von zwei Jahren, nachdem die Ungewissheit beseitigt ist und die Finanzbehörde hiervon Kenntnis erlangt hat (§ 171 Abs. 8 Satz 2 AO).

Die Ablaufhemmung ist dabei auf den für vorläufig erklärten Teil der Steuerfestsetzung beschränkt.

Eine Ungewissheit, die Anlass für eine vorläufige Steuerfestsetzung war, ist beseitigt, wenn die Tatbestandsmerkmale für die endgültige Steuerfestsetzung feststellbar sind.

Fall Der Finanzbeamte hat am 15.1.2019 Kenntnis von dem BFH-Urteil erlangt, das die Ungewissheit über die Auslegung einer verfahrensrelevanten Norm beseitigt. Er hätte davon jedoch eigentlich schon am 20.2.2018 wissen müssen.

Lösung Ein bloßes „Kennen-Müssen" der Tatsachen reicht nicht aus, da „Kenntnis" i. S. d. § 171 Abs. 8 AO die positive Kenntnis der Finanzbehörde von der Beseitigung der Ungewissheit voraussetzt.[58]

10. Berichtigung der Steuererklärung durch den Steuerpflichtigen oder Selbstanzeige (§ 171 Abs. 9 AO)

Erstattet der Steuerpflichtige vor Ablauf der Festsetzungsfrist eine Anzeige nach § 153 AO (Berichtigung der Steuererklärung), § 371 AO (Selbstanzeige bei Steuerhinterziehung) oder § 378 Abs. 3 AO (Selbstanzeige bei leichtfertiger Steuerverkürzung), so endet die Festsetzungsfrist nicht vor Ablauf eines Jahres nach Eingang der Anzeige (§ 171 Abs. 9 AO).

11. Grundlagenbescheid (§ 171 Abs. 10 AO)

a) Bindender Grundlagenbescheid

Soweit für die Festsetzung einer Steuer ein Feststellungsbescheid, ein Steuermessbescheid oder ein anderer Verwaltungsakt bindend ist (Grundlagenbescheid), endet die Festsetzungsfrist nicht vor Ablauf von

---

[58] AEAO zu § 171 Nr. 5; BFH-Urteil vom 26.08.1992, II R 107/90, BStBl. 1993 II S. 5 – Leitsatz: Kenntnis i. S. § 171 VIII AO 1977 verlangt positive Kenntnis des Finanzamts von der Beseitigung der Ungewissheit. Ein Kennenmüssen von Tatsachen steht der Kenntnis nicht gleich.

zwei Jahren nach Bekanntgabe des Grundlagenbescheids (§ 171 Abs. 10 Satz 1 AO).

Ist für den Erlass des Grundlagenbescheids eine Stelle zuständig, die keine Finanzbehörde im Sinne des § 6 Abs. 2 AO ist, endet die Festsetzungsfrist nicht vor Ablauf von zwei Jahren nach dem Zeitpunkt, in dem die für den Folgebescheid zuständige Finanzbehörde Kenntnis von der Entscheidung über den Erlass des Grundlagenbescheids erlangt hat (§ 171 Abs. 10 Satz 2 AO).

b) Nicht bindender Grundlagenbescheid

Die Ablaufhemmung nach § 171 Abs. 10 Satz 1 AO gilt für einen Grundlagenbescheid, auf den § 181 AO nicht anzuwenden ist, nur, sofern dieser Grundlagenbescheid vor Ablauf der für den Folgebescheid geltenden Festsetzungsfrist bei der zuständigen Behörde beantragt worden ist (§ 171 Abs. 10 Satz 3 AO).

Ist der Ablauf der Festsetzungsfrist hinsichtlich des Teils der Steuer, für den der Grundlagenbescheid nicht bindend ist, aufgrund einer Außenprüfung nach § 171 Abs. 4 AO gehemmt, endet die Festsetzungsfrist für den Teil der Steuer, für den der Grundlagenbescheid bindend ist, nicht vor Ablauf der nach § 171 Abs. 4 AO gehemmten Frist (§ 171 Abs. 10 Satz 4 AO).

12. Datenübermittlung durch Dritte (§ 171 Abs. 10a AO)

Soweit Daten eines Steuerpflichtigen im Sinne des § 93c AO innerhalb von sieben Kalenderjahren nach dem Besteuerungszeitraum oder dem Besteuerungszeitpunkt den Finanzbehörden zugegangen sind, endet die Festsetzungsfrist nicht vor Ablauf von zwei Jahren nach Zugang dieser Daten (§ 171 Abs. 10a AO).

13. Geschäftsunfähige oder beschränkt geschäftsfähige Person ohne gesetzlichen Vertreter (§ 171 Abs. 11 AO)

Ist eine geschäftsunfähige (§ 104 BGB) oder in der Geschäftsfähigkeit beschränkte Person (§ 106 BGB) ohne gesetzlichen Vertreter, so endet die Festsetzungsfrist nicht vor Ablauf von sechs Monaten nach dem Zeitpunkt, in dem die Person unbeschränkt geschäftsfähig wird oder der Mangel der Vertretung aufhört (§ 171 Abs. 11 Satz 1 AO).

Dies gilt auch, soweit für eine Person ein Betreuer bestellt (§ 1896 BGB) und ein Einwilligungsvorbehalt nach § 1903 BGB angeordnet ist, der Betreuer jedoch verstorben oder auf andere Weise weggefallen oder aus rechtlichen Gründen an der Vertretung des Betreuten verhindert ist (§ 171 Abs. 11 Satz 2 AO).

14. Steuer gegen Nachlass (§ 171 Abs. 12 AO)

Richtet sich die Steuer gegen einen Nachlass, so endet die Festsetzungsfrist nicht vor dem Ablauf von sechs Monaten nach dem Zeitpunkt, in dem die Erbschaft vom Erben angenommen oder das Insolvenzverfahren über den Nachlass eröffnet wird oder von dem an die Steuer gegen einen Vertreter festgesetzt werden kann (§ 171 Abs. 12 AO).

15. Steueranmeldung im Insolvenzverfahren (§ 171 Abs. 13 AO)

Wird vor Ablauf der Festsetzungsfrist eine noch nicht festgesetzte Steuer im Insolvenzverfahren angemeldet, so läuft die Festsetzungsfrist nicht vor Ablauf von drei Monaten nach Beendigung des Insolvenzverfahrens ab (§ 171 Abs. 13 AO).

16. Steueranspruch im Zusammenhang mit Erstattungsanspruch (§ 171 Abs. 14 AO)

Die Festsetzungsfrist für einen Steueranspruch endet nicht, soweit ein damit zusammenhängender Erstattungsanspruch nach § 37 Abs. 2 AO noch nicht gemäß § 228 AO verjährt ist (§ 171 Abs. 14 AO).

Fall Aufgrund des Steuerbescheids, der dem Steuerpflichtigen nie zugegangen ist, hat das Finanzamt 1.000 € erstattet. Als das Finanzamt vom nicht erfolgten Zugang erfährt, ist die Festsetzungsfrist bereits abgelaufen, Zahlungsverjährung ist noch nicht eingetreten.

Lösung Die Festsetzungsfrist wird durch § 171 Abs. 14 AO bis zum Ablauf der Zahlungsverjährung (§ 228 AO) für die Erstattung von rechtsgrundlos gezahlten (§ 37 Abs. 2 AO) Steuern verlängert. Deshalb kann die Finanzbehörde Steuerfestsetzungen, die wegen Bekanntgabemängeln unwirksam waren, noch nach Ablauf der regulären Festsetzungsfrist nachholen, sofern die Zahlungsverjährungsfrist für die bisher geleisteten Zahlungen noch nicht abgelaufen ist. Dies gilt ebenso für Fälle, in denen der Finanzbehörde der ihr obliegende Nachweis der wirksamen Bekanntgabe (§ 122 Abs. 2 Halbsatz 2 AO) nicht gelingt.[59]

17. Dritter ist steuerentrichtungspflichtig (§ 171 Abs. 15 AO)

Soweit ein Dritter Steuern für Rechnung des Steuerschuldners einzubehalten und abzuführen oder für Rechnung des Steuerschuldners zu entrichten hat, endet die Festsetzungspflicht gegenüber dem Steuerschuldner nicht vor Ablauf der gegenüber dem Steuerentrichtungspflichtigen geltenden Festsetzungsfrist (§ 171 Abs. 15 AO).

V. Bescheid nach Verjährung

Fall Der Steuerpflichtige erhält nach Ablauf der Festsetzungsfrist einen Steuerbescheid, der eine Steuernachforderung enthält. Da er diesen für ungültig hält, ist er der Meinung, nichts dagegen unternehmen zu müssen.

---

[59] AEAO zu § 171 Nr. 8; BFH-Urteil vom 13.03.2001, VIII R 37/00, BStBl. II S. 430 – Leitsatz: § 171 Abs. 14 AO 1977 ist verfassungsgemäß und verstößt weder gegen das Rechtsstaatsprinzip noch gegen den Gleichheitssatz des Art. 3 Abs. 1 GG.

Lösung Zwar sind Steuerfestsetzungen und deren Aufhebung nicht mehr zulässig, wenn die Festsetzungsfrist abgelaufen ist (§ 169 Abs. 1 Satz 1 AO).

Ein Bescheid, der erst nach Eintritt der Verjährung ergangen ist, ist jedoch nicht nichtig (§ 125 Abs. 1 AO), sondern lediglich anfechtbar.

Wird er nicht angefochten, erwächst er in Bestandskraft und ist ggf. auch vollstreckbar.[60]

---

[60] AEAO vor §§ 169 bis 171 Nr. 4.

Teil 3
Feststellungsverfahren
(§§ 179 ff. AO)

A. Grundsätzliches

Abweichend vom Grundsatz, dass die Besteuerungsgrundlagen einen unselbständigen Teil des Steuerbescheids bilden (§ 157 Abs. 2 AO), sehen die §§ 179 ff. AO sowie entsprechende Vorschriften der Einzelsteuergesetze in bestimmten Fällen eine gesonderte Feststellung der Besteuerungsgrundlagen vor. Hierüber ergeht dann ein sog. Feststellungsbescheid (§ 179 Abs. 1 AO).

I. Adressat(en) des Feststellungsbescheids (§ 179 AO)

1. Ein Beteiligter (§ 179 Abs. 2 Satz 1 AO)

Ein Feststellungsbescheid richtet sich gegen den Steuerpflichtigen, dem der Gegenstand der Feststellung bei der Besteuerung zuzurechnen ist (§ 179 Abs. 2 Satz 1 AO).

2. Mehrere Beteiligte

a) Gesonderte Feststellung einheitlich (§ 179 Abs. 2 Satz 2 AO)

Die gesonderte Feststellung wird gegenüber mehreren Beteiligten einheitlich vorgenommen, wenn dies gesetzlich bestimmt oder der Gegenstand der Feststellung mehreren Personen zuzurechnen ist (§ 179 Abs. 2 Satz 2 AO).

b) Besondere gesonderte Feststellung (§ 179 Abs. 2 Satz 3 AO)

Ist eine dieser Personen am Gegenstand der Feststellung nur über eine andere Person beteiligt, so kann eine besondere gesonderte Feststellung vorgenommen werden (§ 179 Abs. 2 Satz 3 AO).

Fall 1 Der Gesellschafter U hält eine atypisch stille Unterbeteiligung am Anteil des Gesellschafters B der ABC-Personengesellschaft.

Lösung Es kann eine besondere gesonderte und einheitliche Feststellung vorgenommen werden (§ 179 Abs. 2 Satz 3 AO). Wegen des Geheimhaltungsbedürfnisses der Betroffenen wird von dieser Möglichkeit regelmäßig Gebrauch gemacht.

Für die Berücksichtigung der Unterbeteiligung im Feststellungsverfahren für die Hauptgesellschaft ist das Einverständnis aller Beteiligten – Hauptgesellschaft und deren Gesellschafter sowie der Unterbeteiligten – erforderlich. Anderenfalls ist sie nicht zulässig. Das Einverständnis gilt als erteilt, wenn die Unterbeteiligung in der Feststellungserklärung für die Hauptgesellschaft geltend gemacht wird.

Dies gilt entsprechend für Treuhandverhältnisse, in denen der Treugeber über den Treuhänder Hauptgesellschafter der Personengesellschaft ist.

Die örtliche Zuständigkeit für die besondere gesonderte Feststellung richtet sich i. d. R. nach der Zuständigkeit für die Hauptgesellschaft.[61]

---

[61] AEAO zu § 179 Nr. 4.

Fall 2 Wie Fall 1, nur handelt es sich um eine typisch stille Unterbeteiligung.

Lösung Bei einer typisch stillen Unterbeteiligung sind die Gewinnanteile des Unterbeteiligten als Sonderbetriebsausgaben des Hauptbeteiligten im Feststellungsverfahren zu berücksichtigen.

Eine Nachholung des Sonderbetriebsausgabenabzugs im Veranlagungsverfahren des Hauptbeteiligten ist nicht zulässig.[62]

II. Ergänzungsbescheid (§ 179 Abs. 3 AO)

Soweit in einem Feststellungsbescheid eine notwendige Feststellung unterblieben ist, ist sie in einem Ergänzungsbescheid nachzuholen (§ 179 Abs. 3 AO).

1. Unterbliebene Feststellung

Voraussetzung für den Erlass eines Ergänzungsbescheids ist, dass der vorangegangene Feststellungsbescheid wirksam, aber unvollständig bzw. lückenhaft ist.

Fall 1 In dem bestandskräftigen Feststellungsbescheid für 2017 hätten Feststellungen über die Gewinnverteilung sowie über die Gewährung des Freibetrags nach § 16 Abs. 4 EStG erfolgen müssen. Diese fehlen jedoch.

Lösung Feststellungen, die in dem vorangegangenen Feststellungsbescheid „unterblieben" sind, obwohl sie dort hätten getroffen werden müssen, sind in einem Ergänzungsbescheid nachzuholen. Der Grund, aus dem sie unterblieben sind, ist unerheblich.

Fall 1 Fortsetzung Der oben genannte Festsetzungsbescheid enthält daneben auch noch inhaltliche Fehler.

Lösung Die Vorschrift des § 179 Abs. 3 AO durchbricht nicht die Bestandskraft wirksam ergangener Feststellungsbescheide. Inhaltliche Fehler in rechtlicher oder tatsächlicher Hinsicht können daher in dem Ergänzungsbescheid nicht korrigiert werden.

---

[62] AEAO zu § 179 Nr. 5.

Fall 2 Anders als in Fall 1, ist die Feststellung von der Finanzbehörde ausdrücklich abgelehnt worden.

Lösung Eine Feststellung ist nicht unterblieben, wenn sie im Feststellungsbescheid ausdrücklich abgelehnt worden ist. Sie kann in diesem Fall auch nicht nachgeholt werden.[63]

2. Kein Ermessen

Die unterbliebene Feststellung „ist" nachzuholen, der Erlass eines Ergänzungsbescheids steht somit nicht im Ermessen der Finanzbehörde.[64]

B. Gesonderte Feststellung von Besteuerungsgrundlagen

I. Gesonderte Feststellung gemäß § 180 AO

Nach § 180 AO gesondert festgestellt werden insbesondere:

Einheitswerte und Grundsteuerwerte nach BewG		gesondert, ggf. einheitlich	§ 180 Abs. 1 Nr. 1 AO
Einkünfte nach KStG und EStG und andere Besteuerungsgrundlagen	wenn mehrere Personen beteiligt und diesen steuerlich zuzurechnen	einheitlich + gesondert	§ 180 Abs. 1 Nr. 2a, Abs. 5 AO
Einkünfte aus Land- und Forstwirtschaft, Gewerbebetrieb, freiberuflicher Tätigkeit	wenn Wohnsitzfinanzamt nicht Zuständigkeitsfinanzamt nach § 18 AO	gesondert	§ 180 Abs. 1 Nr. 2b AO

---

[63] AEAO zu § 179 Nr. 2.
[64] AEAO zu § 179 Nr. 2.

	der Einkunftserzielung dienende Wirtschaftsgüter, Anlagen, Einrichtungen werden von mehreren Personen betrieben, genutzt, gehalten (§ 1 Abs. 1 Nr. 1 VO)	ganz oder teilweise gesondert, ggf. einheitlich	§ 180 Abs. 2 AO
Verordnung über die gesonderte Feststellung von Besteuerungsgrundlagen für ESt, KSt und USt	Gesamtobjekt (§ 1 Abs. 1 Nr. 2 VO)		
	Liebhaberei (§ 8 VO)		
	Lebensversicherungen (§ 9 VO)		
Fälle von geringer Bedeutung		keine Feststellung	§ 180 Abs. 3 und 4 AO
Progressionsvorbehalt		gesondert, ggf. einheitlich	§ 180 Abs. 5 Nr. 1 AO
Anrechnungsbeträge			§ 180 Abs. 5 Nr. 2 AO

1. Einheitswerte und Grundsteuerwerte nach Maßgabe des Bewertungsgesetzes (§ 180 Abs. 1 Nr. 1 AO)

Bei § 180 Abs. 1 Nr. 1 AO handelt es sich um die Feststellung von Einheits- und Grundsteuerwerten für inländischen Grundbesitz (§ 19 BewG), und zwar für Betriebe der Land- und Forstwirtschaft (§§ 33, 48a und 51a BewG), für Grundstücke (§§ 68 und 70 BewG) und für Betriebsgrundstücke (§ 99 BewG).

2. Einkünfte nach Körperschaft- und Einkommensteuergesetz und andere Besteuerungsgrundlagen (§ 180 Abs. 1 Nr. 2 lit. a AO)

Nach § 180 Abs. 1 Nr. 2 lit. a AO sind die einkommen- und körperschaftsteuerpflichtigen Einkünfte und mit ihnen im Zusammenhang stehende andere Besteuerungsgrundlagen gesondert festzustellen, wenn an den Einkünften mehrere Personen beteiligt und die Einkünfte diesen Personen steuerlich zuzurechnen sind.

a) Gemeinschaftlich erzielte Einkünfte

Die gesonderte Feststellung nach § 180 Abs. 1 Nr. 2 lit. a AO umfasst die Einkünfte, die von den Feststellungsbeteiligten gemeinschaftlich erzielten werden.[65]

b) Sonderbetriebseinnahmen und -ausgaben, Sonderwerbungskosten

Fall Die ABC-Gesellschaft besteht aus den zu 1/3 beteiligten Gesellschaftern A, B und C. A hat an die Gesellschaft gegen Entgelt ein Grundstück vermietet, zu dessen Finanzierung er bei der Bank ein Darlehen aufgenommen hat. B ist für die Gesellschaft als Geschäftsführer tätig.

Lösung Von der gesonderten Feststellung werden auch die bei Ermittlung dieser Einkünfte zu berücksichtigenden Sonderbetriebseinnahmen und -ausgaben oder Sonderwerbungskosten eines oder mehrerer Feststellungsbeteiligten erfasst.[66]

c) Sonstige Besteuerungsgrundlagen

Gesondert festzustellen sind des Weiteren Besteuerungsgrundlagen, die in einem rechtlichen, wirtschaftlichen oder tatsächlichen Zusammenhang mit den gemeinschaftlich erzielten Einkünften stehen, aber bei deren Ermittlung nicht zu berücksichtigen sind.

Dies sind beispielsweise Aufwendungen, die aus Mitteln der Gesellschaft oder Gemeinschaft geleistet werden und für die Besteuerung der Feststellungsbeteiligten, z. B. als Sonderausgaben, von Bedeutung sind.

Soweit diese Besteuerungsgrundlagen bei Erlass des Feststellungsbescheids nicht berücksichtigt worden sind, ist ihre gesonderte Feststellung durch Ergänzungsbescheid (§ 179 Abs. 3 AO) nachzuholen.[67]

---

[65] AEAO zu § 180 Nr. 1.
[66] AEAO zu § 180 Nr. 1.
[67] AEAO zu § 180 Nr. 1.

3. Einkünfte aus Land- und Forstwirtschaft, Gewerbebetrieb, freiberuflicher Tätigkeit (§ 180 Abs. 1 Nr. 2 lit. b AO)

Nach § 180 Abs. 1 Nr. 2 lit. b AO sind in anderen als den in lit. a genannten Fällen die Einkünfte aus Land- und Forstwirtschaft (§ 13 EStG), Gewerbebetrieb (§ 15 EStG) oder einer freiberuflichen Tätigkeit (§ 18 Abs. 1 Nr. 1 EStG) gesondert festzustellen, wenn nach den Verhältnissen zum Schluss des Gewinnermittlungszeitraums das für die gesonderte Feststellung zuständige Finanzamt nicht auch für die Steuern vom Einkommen zuständig ist.

a) Wohnort nicht Betriebs- oder Tätigkeitsort

Fall Der Steuerpflichtige wohnt in München. Er hat eine Landwirtschaft in Rosenheim und einen Baubetrieb in Weilheim. Des Weiteren erstellt er in Regensburg Gutachten als freiberuflicher Bausachverständiger. Für die Orte sind jeweils andere Finanzämter zuständig.

Lösung Die Einkünfte des Steuerpflichtigen aus Land- und Forstwirtschaft, Gewerbebetrieb oder freiberuflicher Tätigkeit nach § 180 Abs. 1 Satz 1 Nr. 2 lit. b AO sind gesondert festzustellen, wenn der Wohnort und der Betriebs- bzw. Tätigkeitsort nicht identisch sind und im Zuständigkeitsbereich verschiedener Finanzämter liegen.[68]

b) Maßgebliche Verhältnisse

Maßgebend sind die Verhältnisse zum Schluss des Gewinnermittlungszeitraums, spätere Änderungen sind unbeachtlich. Weicht das Wirtschaftsjahr vom Kalenderjahr ab oder besteht ein Rumpfwirtschaftsjahr, sind die Verhältnisse zum Schluss dieses Zeitraums maßgebend.[69]

c) Nicht alle Einkünfte aus selbständiger Arbeit

Einkünfte aus freiberuflicher Tätigkeit nach § 180 Abs. 1 Nr. 2 lit. b AO sind nur die Einkünfte nach § 18 Abs. 1 Nr. 1 EStG, nicht die übrigen Einkünfte aus selbständiger Arbeit.[70]

---

[68] AEAO zu § 180 Nr. 2.
[69] AEAO zu § 180 Nr. 2.1.
[70] AEAO zu § 180 Nr. 2.2.

d) Einkünfte in mehreren Gemeinden

Fall Der Steuerpflichtige übt seine Tätigkeit als Arzt in Tutzing, Herrsching und Starnberg aus.

Lösung Übt ein Steuerpflichtiger seine freiberufliche Tätigkeit in mehreren Gemeinden aus, ist für die so erzielten Einkünfte nur eine gesonderte Feststellung durchzuführen.[71]

Bei Einkünften aus Land- und Forstwirtschaft oder aus Gewerbebetrieb gilt dies für den Betrieb der Land- und Forstwirtschaft oder den Gewerbebetrieb entsprechend.[72]

e) Örtliche Zuständigkeit

Die örtliche Zuständigkeit richtet sich nach § 18 AO.

4. Ausnahmeregelungen

a) Nur ein Beteiligter steuerpflichtig (§ 180 Abs. 3 Satz 1 Nr. 1 AO)

§ 180 Abs. 1 Satz 1 Nr. 2 lit. a AO gilt nicht, wenn nur eine der an den Einkünften beteiligten Personen mit ihren Einkünften im Geltungsbereich dieses Gesetzes einkommen- oder körperschaftsteuerpflichtig ist (§ 180 Abs. 3 Satz 1 Nr. 1 AO).

b) Fall geringer Bedeutung (§ 180 Abs. 3 Satz 1 Nr. 2 AO)

§ 180 Abs. 1 Satz 1 Nr. 2 lit. a AO gilt nicht, wenn es sich um einen Fall von geringer Bedeutung handelt, insbesondere weil die Höhe des festgestellten Betrags und die Aufteilung feststehen (§ 180 Abs. 3 Satz 1 Nr. 2 AO).

---

[71] AEAO zu § 180 Nr. 2.3; BFH-Urteil vom 10.06.1999, IV R 69/98, BStBl. II S. 691 – Leitsatz: Übt ein Steuerpflichtiger seine freiberufliche Tätigkeit in mehreren Gemeinden aus, so ist für die dadurch erzielten Einkünfte nur eine gesonderte Feststellung durchzuführen. Ist das Finanzamt, von dessen Bezirk aus die Tätigkeit vorwiegend ausgeübt wird, nach § 19 Abs. 3 Satz 1 AO 1977 zugleich Wohnsitzfinanzamt, so bedarf es für die außerhalb der Wohnsitzgemeinde erzielten Einkünfte keiner gesonderten Feststellung.

[72] AEAO zu § 180 Nr. 2.3.

Fall 1 Die zusammenveranlagten Ehegatten/eingetragenen Lebenspartner erzielen gemeinsam Einkünfte aus Vermietung und Verpachtung sowie aus Land- und Forstwirtschaft.

Lösung Es handelt sich um einen Fall geringer Bedeutung, da die Einkünfte verhältnismäßig einfach zu ermitteln sind und die Aufteilung feststeht.[73]

Dies gilt sinngemäß auch für die Fälle des § 180 Abs. 1 Nr. 2 lit. b und Nr. 3 AO (§ 180 Abs. 3 Nr. 2 AO).

Fall 2 Der Steuerpflichtige hat seinen Wohnsitz nach Ablauf des Feststellungszeitraums in den Bezirk des Betriebsfinanzamts verlegt.

Lösung Es liegt ein Fall von geringer Bedeutung vor, da dasselbe Finanzamt für die Einkommensteuerveranlagung zuständig geworden ist.[74]

c) Feststellung der Ausnahmen durch Bescheide (§ 180 Abs. 3 Satz 2 und 3 AO)

Das nach § 18 Abs. 1 Nr. 4 AO zuständige Finanzamt kann durch Bescheid feststellen, dass eine gesonderte Feststellung nicht durchzuführen ist. Der Bescheid gilt als Steuerbescheid (§ 180 Abs. 3 Sätze 2 und 3 AO).

d) Arbeitsgemeinschaften (§ 180 Abs. 4 AO)

§ 180 Abs. 1 Satz 1 Nr. 2 lit. a AO gilt ferner nicht für Arbeitsgemeinschaften, deren alleiniger Zweck in der Erfüllung eines einzigen Werk- oder Werklieferungsvertrags besteht (§ 180 Abs. 4 AO).

---

[73] AEAO zu § 180 Nr. 4; BFH-Urteil vom 20.01.1976, VIII R 253/71, BStBl. II S. 305 – Leitsatz: Einkünfte aus Vermietung und Verpachtung eines Zweifamilienhauses, das zusammenzuveranlagenden Eheleuten je zur Hälfte gehört und ausschließlich zu Wohnzwecken genutzt wird, können in der Regel – ohne dass es einer einheitlichen und gesonderten Feststellung bedarf – bei der Veranlagung zur Einkommensteuer ermittelt werden, wenn die Veranlagung von dem Finanzamt durchgeführt wird, das auch für den Erlass eines Grundlagenbescheids zuständig wäre; BFH-Urteil vom 04.07.1985, IV R 136/83, BStBl. II S. 576 – Leitsatz 1: Auf die gesonderte Feststellung des gemeinschaftlich erzielten Gewinns von Landwirts-Eheleuten kann verzichtet werden, sofern es sich um einen Fall von geringerer Bedeutung handelt.

[74] AEAO zu § 180 Nr. 4.

5. Verordnung über die gesonderte Feststellung von Besteuerungsgrundlagen für Einkommen-, Körperschaft- und Umsatzsteuer (§ 180 Abs. 2 AO)

a) Anwendbarkeit

Die Verordnung nach § 180 Abs. 2 AO (im Folgenden VO) ist nicht auf Feststellungen nach § 180 Abs. 1 AO anwendbar.

b) Gegenstand, Umfang und Voraussetzungen der Feststellung

Nach § 1 Abs. 1 Satz 1 VO können Besteuerungsgrundlagen, insbesondere einkommen- oder körperschaftsteuerpflichtige Einkünfte, ganz oder teilweise gesondert festgestellt werden, wenn der Einkunftserzielung dienende Wirtschaftsgüter, Anlagen oder Einrichtungen

– von mehreren Personen betrieben, genutzt oder gehalten werden (Nr. 1) oder

– mehreren Personen getrennt zuzurechnen sind, die bei der Planung, Herstellung, Erhaltung oder dem Erwerb dieser Wirtschaftsgüter, Anlagen oder Einrichtungen gleichartige Rechtsbeziehungen zu Dritten hergestellt oder unterhalten haben (Gesamtobjekt) (Nr. 2).

§ 1 Abs. 1 Satz 1 Nr. 2 VO gilt entsprechend

a) bei Wohneigentum, das nicht der Einkunftserzielung dient,
b) bei der Anschaffung von Genossenschaftsanteilen i. S. d. § 17 des Eigenheimzulagengesetzes und
c) bei Mietwohngebäuden,

wenn die Feststellung für die Besteuerung, für die Festsetzung der Eigenheimzulage oder für die Festsetzung der Investitionszulage von Bedeutung ist.

Nach § 1 Abs. 2 VO gilt § 1 Abs. 1 VO für die Umsatzsteuer nur, wenn mehrere Unternehmer im Rahmen eines Gesamtobjekts Umsätze ausführen oder empfangen.

c) Weitere Regelungsbereiche der Verordnung

Die Verordnung regelt des Weiteren folgende Punkte:

- örtliche Zuständigkeit (§ 2 VO),
- Erklärungspflicht (§ 3 VO),
- Einleitung des Feststellungsverfahrens (§ 4 VO),
- Verfahrensbeteiligte (§ 5 VO),
- Bekanntgabe (§ 6 VO),
- Außenprüfung (§ 7 VO),
- Feststellungsgegenstand beim Übergang zur Liebhaberei (§ 8 VO),
- Feststellungsgegenstand bei Einsatz von Versicherungen auf den Erlebens- oder Todesfall zu Finanzierungszwecken (§ 9 VO).

6. Weitere Anwendungsfälle

Die Vorschriften des § 180 Abs. 1 Satz 1 Nr. 2, Abs. 2 und 3 AO sind in zwei weiteren Fällen entsprechend anzuwenden:

a) Progressionsvorbehalt bei Doppelbesteuerungsabkommen (§ 180 Abs. 5 Nr. 1 AO)

Eine entsprechende Anwendung erfolgt gemäß § 180 Abs. 5 Nr. 1 AO, soweit die nach einem Abkommen zur Vermeidung der Doppelbesteuerung von der Bemessungsgrundlage ausgenommenen Einkünfte bei der Festsetzung der Steuern der beteiligten Personen von Bedeutung sind.

Eine Feststellung ist in diesem Fall zum Zweck der Ermittlung des anzuwendenden Steuersatzes im Falle eines bei der Steuerfestsetzung zu beachtenden Progressionsvorbehalts und in den Fällen des § 2a EStG vorzunehmen (§ 185 Abs. 5 Nr. 1 AO).[75]

b) Anrechnungsbeträge (§ 180 Abs. 5 Nr. 2 AO)

Eine entsprechende Anwendung erfolgt gemäß § 180 Abs. 5 Nr. 2 AO, soweit Steuerabzugsbeträge und Körperschaftsteuer auf die festgesetzte Steuer anzurechnen sind.

Soweit Einkünfte oder andere Besteuerungsgrundlagen nach § 180 Abs. 1 Satz 1 Nr. 2 AO oder nach der VO zu § 180 Abs. 2 AO festzustellen

---

[75] AEAO zu § 180 Nr. 5.

sind, sind auch damit in Zusammenhang stehende Steuerabzugsbeträge und Körperschaftsteuer, die auf die Steuer der Feststellungsbeteiligten anzurechnen sind, gesondert festzustellen (§ 180 Abs. 5 Nr. 2 AO). Steuerbescheinigungen sind deshalb nur dem für die gesonderte Feststellung zuständigen Finanzamt vorzulegen.[76]

II. Gesonderte Feststellung nach Einzelgesetzen

Nach Einzelsteuergesetzen gesondert festgestellt werden beispielsweise:

Einkommensteuer	negative Einkünfte mit Bezug zu Drittstaaten	§ 2a Abs. 1 EStG
	Zuwendungen zur Förderung steuerbegünstigter Zwecke	§ 10b Abs. 1, 1a EStG
	Verlustabzug	§ 10d Abs. 4 EStG
	Verluste bei beschränkter Haftung	§ 15a Abs. 4 EStG
Körperschaftsteuer	nicht in das Nennkapital geleistete Einlagen	§ 27 Abs. 2 KStG
	Umwandlung von Rücklagen in Nennkapital und Herabsetzung des Nennkapitals	§ 28 Abs. 1 KStG
	Körperschaftsteuererhöhung	§ 38 KStG
Bewertungsrecht	Grundbesitzwerte	§ 151 BewG
Grunderwerbsteuer	Besteuerungsgrundlagen	§ 17 GrEStG

III. Besonderheiten zur ertragsteuerlichen Organschaft: Feststellungsverfahren nach § 14 Abs. 5 KStG

Mit Änderung des § 14 Abs. 5 KStG ist ein gesondertes Feststellungsverfahren für die Organgesellschaft eingeführt worden, das nach § 34 Abs. 9 Nr. 9 KStG für alle nach dem 31. Dezember 2013 beginnenden Feststellungszeiträume gilt. Zuvor erfolgte eine Veranlagung nur im Rahmen der Veranlagung des Organträgers, sodass z. B. auch nur dieser eine Einspruchsmöglichkeit hatte.

---

[76] AEAO zu § 180 Nr. 6.

Durch das nun normierte Feststellungsverfahren ergeben sich folgende Änderungen:

- Sowohl Organgesellschaft als auch Organträger können Einspruch einlegen.
- Legt nur einer der Beteiligten Einspruch ein, wird die Bestandskraft des Bescheids auch gegenüber dem anderen Beteiligten verhindert. Dieser ist notwendig beizuladen.
- Der Feststellungsbescheid enthält eine Vielzahl von Einzelfeststellungen, weshalb ein Einspruch im Zweifel so zu formulieren ist, dass er sich gegen alle Bestandteile richtet.
- Auch die Nichtanerkennung der Organschaft ist durch einen (negativen) Bescheid festzustellen, der anfechtbar ist.
- Sofern sich das Finanzamt auf den Standpunkt stellt, dass kein Feststellungsbescheid zu erlassen ist, muss Verpflichtungsklage eingereicht werden.

C. Verfahrensvorschriften für die gesonderte Feststellung (§ 181 AO)

I. Anwendbarkeit der Vorschriften über die Besteuerung

Für die gesonderte Feststellung gelten die Vorschriften über die Durchführung der Besteuerung sinngemäß (§ 181 Abs. 1 Satz 1 AO).

II. Feststellungsfrist

Steuererklärung i. S. d. § 170 Abs. 2 Nr. 1 AO ist die Erklärung zur gesonderten Feststellung. Wird eine Erklärung zur gesonderten Feststellung nach § 180 Abs. 2 AO ohne Aufforderung durch die Finanzbehörde abgegeben, gilt § 170 Abs. 3 AO sinngemäß (§ 181 Abs. 1 Sätze 2 und 3 AO).

III. Erklärungspflicht (§ 181 Abs. 2 AO)

1. Erklärungspflichtige Personen

Eine Erklärung zur gesonderten Feststellung hat abzugeben, wem der Gegenstand der Feststellung ganz oder teilweise zuzurechnen ist. Erklärungspflichtig sind gemäß § 181 Abs. 2 Satz 2 AO insbesondere:

– in den Fällen des § 180 Abs. 1 Satz 1 Nr. 2 lit. a AO jeder Feststellungsbeteiligte, dem ein Anteil an den einkommen- oder körperschaftsteuerpflichtigen Einkünften zuzurechnen ist (Nr. 1);
– in den Fällen des § 180 Abs. 1 Satz 1 Nr. 2 lit. b AO der Unternehmer (Nr. 2);
– in den Fällen des § 180 Abs. 1 Satz 1 Nr. 3 AO jeder Feststellungsbeteiligte, dem ein Anteil an den Wirtschaftsgütern, Schulden oder sonstigen Abzügen zuzurechnen ist (Nr. 3);
– in den Fällen des § 180 Abs. 1 Satz 1 Nr. 2 lit. a und Nr. 3 AO auch die in § 34 AO bezeichneten Personen (Nr. 4).

Hat ein Erklärungspflichtiger eine Erklärung zur gesonderten Feststellung abgegeben, sind andere Beteiligte insoweit von der Erklärungspflicht befreit.

2. Verspätungszuschlag

a) Für vor dem 1. Januar 2019 einzureichende Erklärungen

Bei Steuererklärungen für gesondert festzustellende Besteuerungsgrundlagen gilt § 152 Abs. 1 bis 3 AO a. F. mit der Maßgabe, dass bei Anwendung des § 152 Abs. 2 Satz 1 AO a. F. die steuerlichen Auswirkungen zu schätzen sind (§ 152 Abs. 4 AO a. F.).

b) Für nach dem 1. Januar 2019 einzureichende Erklärungen

aa) Personenkreis

In Fällen des § 180 Abs. 1 Satz 1 Nr. 2 lit. a AO n. F. ist der Verspätungszuschlag vorrangig gegen die nach § 181 Abs. 2 Satz 2 Nr. 4 AO n. F. erklärungspflichtigen Personen festzusetzen.

bb) Höhe des Zuschlags

Für Erklärungen zur gesonderten Feststellung von Besteuerungsgrundlagen, für Erklärungen zur Festsetzung des Gewerbesteuermessbetrags und für Zerlegungserklärungen beträgt der Verspätungszuschlag für jeden angefangenen Monat der eingetretenen Verspätung 25 Euro (§ 152 Abs. 6 AO n. F.)

Für Erklärungen zu gesondert festzustellenden einkommen- oder körperschaftsteuerpflichtigen Einkünften beträgt der Verspätungszuschlag für jeden angefangenen Monat der eingetretenen Verspätung 0,0625 Prozent der positiven Summe der festgestellten Einkünfte, mindestens jedoch 25 Euro für jeden angefangenen Monat der eingetretenen Verspätung (§ 152 Abs. 7 AO n. F.).

Aufhebungen und Anpassungen sind nach § 152 Abs. 12 AO n. F. möglich.

Weiter Einzelheiten siehe Kapitel Verspätungszuschlag.

IV. Elektronische Übermittlung (§ 181 Abs. 2a AO)

§ 181 Abs. 2a Satz 1 AO verlangt die elektronische Übermittlung der Erklärung.

Auf Antrag kann die Finanzbehörde jedoch zur Vermeidung unbilliger Härten auf eine elektronische Übermittlung verzichten; in diesem Fall ist die Erklärung zur gesonderten Feststellung nach amtlich vorgeschriebenem Vordruck abzugeben und vom Erklärungspflichtigen eigenhändig zu unterschreiben (§ 181 Abs. 2a Satz 2 AO).

V. Feststellungsfrist bei Einheitswerten und Grundsteuerwerten (§ 181 Abs. 3 AO)

1. Beginn Feststellungsfrist (§ 181 Abs. 3 Satz 1 AO)

Die Frist für die gesonderte Feststellung von Einheits- und Grundsteuerwerten (Feststellungsfrist) beginnt mit Ablauf des Kalenderjahres, auf dessen Beginn die Hauptfeststellung, die Fortschreibung, die Nachfeststellung oder die Aufhebung eines Einheitswertes vorzunehmen ist (§ 181 Abs. 3 Satz 1 AO).

2. Beginn Feststellungsfrist bei einzureichender Erklärung (§ 181 Abs. 3 Satz 2 AO)

Ist eine Erklärung zur gesonderten Feststellung des Einheits- oder Grundsteuerwertes abzugeben, beginnt die Feststellungsfrist mit Ablauf des Kalenderjahres, in dem die Erklärung eingereicht wird, spätestens jedoch mit Ablauf des dritten Kalenderjahres, das auf das Kalenderjahr folgt, auf dessen Beginn die Einheitswertfeststellung oder Grundsteuerwertfeststellung vorzunehmen oder aufzuheben ist (§ 181 Abs. 3 Satz 2 AO).

3. Beginn Feststellungsfrist für weitere Feststellungszeitpunkte (§ 181 Abs. 3 Satz 3 AO)

Wird der Beginn der Feststellungsfrist nach § 181 Abs. 3 Satz 2 AO hinausgeschoben, wird der Beginn der Feststellungsfrist für die weiteren Feststellungszeitpunkte des Hauptfeststellungszeitraums jeweils um die gleiche Zeit hinausgeschoben (§ 181 Abs. 3 Satz 3 AO).

Die Anlaufhemmung der Feststellungsfrist für die gesonderte Feststellung von Einheits- oder Grundsteuerwerten nach § 181 Abs. 3 Satz 3 AO ist auch dann maßgeblich, wenn zugleich die Voraussetzungen der Anlaufhemmung nach § 181 Abs. 3 Satz 2 AO erfüllt sind.[77]

---

[77] AEAO zu § 181 Nr. 2.

4. Erstmalige Anwendung des Einheitswertes oder Grundsteuerwertes (§ 181 Abs. 4 AO)

In den Fällen des § 181 Abs. 3 AO beginnt die Feststellungsfrist nicht vor Ablauf des Kalenderjahres, auf dessen Beginn der Einheits- oder Grundsteuerwert erstmals steuerlich anzuwenden ist (§ 181 Abs. 4 AO).

VI. Feststellung und Festsetzung

Festsetzungsfrist	Festsetzungsverjährung für Folgebescheide eingetreten	Feststellungen		Festsetzungsverjährung für Folgebescheid bei Erlass des Feststellungsbescheids	Feststellung (Änderung)
noch nicht abgelaufen		uneingeschränkt zulässig	Mitteilung an Finanzamt	noch nicht eingetreten	zulässig
				bereits eingetreten	noch bis zu 2 Jahre nach Bekanntgabe des Feststellungsbescheids zulässig (§ 181 Abs. 10 Satz 1)
abgelaufen	noch nicht (für alle)	ausnahmsweise zulässig nach § 181 Abs. 5	Mitteilung an Finanzamt mit Hinweis nach § 181 Abs. 5	noch nicht eingetreten	nicht mehr zulässig
				bereits eingetreten	
	für alle	nicht mehr zulässig			

Feststellung und Festsetzung

1. Feststellung nach Fristablauf

Eine gesonderte Feststellung kann nach § 181 Abs. 5 AO auch nach Ablauf der für sie geltenden Feststellungsfrist insoweit erfolgen, als die gesonderte Feststellung für eine Steuerfestsetzung von Bedeutung ist, für die die Festsetzungsfrist im Zeitpunkt der gesonderten Feststellung noch nicht abgelaufen ist.

2. Keine Hemmung der Festsetzungsfrist

Hierbei bleibt § 171 Abs. 10 AO außer Betracht, die Festsetzungsfrist für den Folgebescheid wird dadurch also nicht gehemmt.

3. Hinweispflicht

Auf diese eingeschränkte Wirkung ist im Feststellungsbescheid hinzuweisen (§ 181 Abs. 5 Satz 2 AO).

4. Möglichkeiten der Fristwahrung

Die Grundsätze nach § 169 Abs. 1 Satz 3 AO über die Wahrung der Frist gelten sinngemäß (§ 181 Abs. 5 Satz 2 AO).

D. Wirkung der gesonderten Feststellung (§ 182 AO)

I. Bindungswirkung

1. Allgemeine Bindungswirkung (§ 182 Abs. 1 Satz 1 AO)

Feststellungsbescheide sind, auch wenn sie noch nicht unanfechtbar sind, für andere Feststellungsbescheide, Steuermessbescheide, Steuerbescheide und Steueranmeldungen (Folgebescheide) bindend,[78] soweit die in den Feststellungsbescheiden getroffenen Feststellungen für diese Folgebescheide von Bedeutung sind (§ 182 Abs. 1 Satz 1 AO).

2. Anzurechnende Steuerabzugsbeträge und Körperschaftsteuer (§ 182 Abs. 1 Satz 2 AO)

§ 182 Abs. 1 Satz 1 AO gilt entsprechend bei Feststellungen nach § 180 Abs. 5 Nr. 2 AO für Verwaltungsakte, die die Verwirklichung der Ansprüche aus dem Steuerschuldverhältnis betreffen; wird ein Feststellungsbescheid nach § 180 Abs. 5 Nr. 2 AO erlassen, aufgehoben oder geändert, ist ein Verwaltungsakt, für den dieser Feststellungsbescheid Bindungswirkung entfaltet, in entsprechender Anwendung des § 175 Abs. 1 Satz 1 Nr. 1 AO zu korrigieren (§ 182 Abs. 1 Satz 2 AO).

---

[78] BFH-Beschluss vom 19.03.2018, VI B 97/17 – NV – Leitsätze: 1. Die Abgrenzung zwischen den bindenden Verfügungssätzen eines Feststellungsbescheids und deren (bloßer) Begründung ist durch Auslegung zu ermitteln. 2. Lässt der Verfügungssatz eines Feststellungsbescheids Raum zu Zweifeln über seinen Inhalt, ist nicht nur auf den Tenor dieses Bescheids abzustellen, sondern auch auf dessen materiellen Regelungsgehalt einschließlich seiner Begründung.

3. Einheitswerte (§ 182 Abs. 2 AO)

Ein Feststellungsbescheid über einen Einheits- oder Grundsteuerwert (§ 180 Abs. 1 Satz 1 Nr. 1 AO) wirkt auch gegenüber dem Rechtsnachfolger, auf den der Gegenstand der Feststellung nach dem Feststellungszeitpunkt mit steuerlicher Wirkung übergeht (dingliche Wirkung). Tritt die Rechtsnachfolge jedoch ein, bevor der Feststellungsbescheid ergangen ist, so wirkt er gegen den Rechtsnachfolger nur dann, wenn er ihm bekannt gegeben wird. § 182 Abs. 2 Sätze 1 und 2 AO gelten für gesonderte sowie gesonderte und einheitliche Feststellungen von Besteuerungsgrundlagen, die sich erst später auswirken, nach der Verordnung über die gesonderte Feststellung von Besteuerungsgrundlagen nach § 180 Abs. 2 AO vom 19.12.1986 (BGBl. I, 2663), entsprechend (§ 182 Abs. 2 Satz 3 AO).

§ 182 Abs. 2 AO gilt nicht für Gewerbesteuermessbescheide (§ 184 Abs. 1 AO), wohl aber für Grundsteuermessbescheide.[79]

Eine Bindung des Haftungsschuldners an den Einheitswertbescheid ist nicht gegeben.[80]

II. Korrektur unrichtiger Bezeichnungen (§ 182 Abs. 3 AO)

Erfolgt eine gesonderte Feststellung gegenüber mehreren Beteiligten einheitlich (§ 179 Abs. 2 Satz 2 AO) und ist ein Beteiligter im Feststellungsbescheid unrichtig bezeichnet worden, weil Rechtsnachfolge eingetreten ist, kann dies durch besonderen Bescheid (Richtigstellungsbescheid) gegenüber dem Rechtsnachfolger berichtigt werden (§ 182 Abs. 3 AO).

Der Regelungsgehalt des ursprünglichen Bescheids bleibt im Übrigen unberührt.

---

[79] AEAO zu § 182 Nr. 2.
[80] AEAO zu § 182 Nr. 3.

§ 182 Abs. 3 AO gilt nicht für Feststellungen nach § 180 Abs. 1 Satz 1 Nr. 2 lit. b AO.[81]

E. Empfangsbevollmächtigte bei der einheitlichen Feststellung (§ 183 AO)

Gesellschaft oder Gemeinschaft	Intakt	gemeinsamer Empfangsbevollmächtigter		§ 183 Abs. 1 Satz 1 AO
		ansonsten: zur Vertretung oder Verwaltung Berechtigter		§ 183 Abs. 1 Satz 2 AO
		ansonsten: Aufforderung zur Benennung + Vorschlag durch Finanzamt		§ 183 Abs. 1 Sätze 3–5 AO
	gestört	dies Finanzamt bekannt	Einzelbekanntgabe	§ 183 Abs. 2 Satz 1, 2 AO
			bei berechtigtem Interesse gesamter Inhalt des Feststellungsbescheids	§ 183 Abs. 2 Satz 3 AO
		kein Widerruf der Empfangsvollmacht	Bekanntgabe auch gegenüber Bevollmächtigtem für alle	§ 183 Abs. 3 AO
Ehegatten/eingetragene Lebenspartner + Kinder	Grundsatz:	eine Ausfertigung an alle Beteiligten		§ 183 Abs. 4, § 122 Abs. 7 Satz 1 AO
	Ausnahme:	Einzelbekanntgabe	auf Antrag	§ 183 Abs. 4, § 122 Abs. 7 Satz 2 AO
			Finanzamt Kenntnis von ernstlichen Meinungsverschiedenheiten	

---

[81] AEAO zu § 182 Nr. 4; BFH-Urteil vom 12.05.1993, XI R 66/92, BStBl. 1994 II S. 5 – Leitsatz: § 182 Abs. 3 AO 1977 ist auf Feststellungen gemäß § 180 Abs. 1 Nr. 2 Buchst. b AO 1977 nicht anwendbar.

I. Intakte Gesellschaft oder Gemeinschaft

1. Gemeinsamer Empfangsbevollmächtigter (§ 183 Abs. 1 Satz 1 AO)

Richtet sich ein Feststellungsbescheid gegen mehrere Personen, die an dem Gegenstand der Feststellung als Gesellschafter oder Gemeinschafter beteiligt sind (Feststellungsbeteiligte), so sollen sie einen gemeinsamen Empfangsbevollmächtigten bestellen, der ermächtigt ist, für sie alle Verwaltungsakte und Mitteilungen in Empfang zu nehmen, die mit dem Feststellungsverfahren und dem anschließenden Verfahren über einen Einspruch zusammenhängen (§ 183 Abs. 1 Satz 1 AO).

Fall Der Bescheid geht an den Empfangsbevollmächtigten. Die Finanzbehörde ist der Feststellungserklärung gefolgt, der Bescheid enthält keine Begründung.

Lösung Richtet die Finanzbehörde den Feststellungsbescheid an den gemeinsamen Empfangsbevollmächtigten, ist eine Begründung des Bescheids nicht erforderlich (§ 121 Abs. 2 Nr. 1 AO), sofern die Finanzbehörde der Feststellungserklärung gefolgt ist und der Empfangsbevollmächtigte die Feststellungserklärung selbst abgegeben oder an ihrer Erstellung mitgewirkt hat.[82]

2. Gemeinsamer Empfangsbevollmächtigter nicht vorhanden (§ 183 Abs. 1 Satz 2 AO)

Ist ein gemeinsamer Empfangsbevollmächtigter nicht vorhanden, so gilt ein zur Vertretung der Gesellschaft oder der Feststellungsbeteiligten oder ein zur Verwaltung des Gegenstands der Feststellung Berechtigter als Empfangsbevollmächtigter (§ 183 Abs. 1 Satz 2 AO).

---

[82] AEAO zu § 183 Nr. 1.

3. Aufforderung zur Benennung
(§ 183 Abs. 1 Sätze 3 bis 5 AO)

Anderenfalls kann die Finanzbehörde die Beteiligten auffordern, innerhalb einer bestimmten angemessenen Frist einen Empfangsbevollmächtigten zu benennen. Hierbei ist ein Beteiligter vorzuschlagen und darauf hinzuweisen, dass diesem die in Satz 1 genannten Verwaltungsakte und Mitteilungen mit Wirkung für und gegen alle Beteiligten bekannt gegeben werden, falls nicht ein anderer Empfangsbevollmächtigter benannt wird. Bei der Bekanntgabe an den Empfangsbevollmächtigten ist darauf hinzuweisen, dass die Bekanntgabe mit Wirkung für und gegen alle Feststellungsbeteiligten erfolgt (§ 183 Abs. 1 Sätze 3 bis 5 AO).

II. Gestörte Gesellschaft oder Gemeinschaft (§ 183 Abs. 2 Satz 1 AO)

§ 183 Abs. 1 AO ist insoweit nicht anzuwenden, als der Finanzbehörde bekannt ist, dass die Gesellschaft oder Gemeinschaft nicht mehr besteht, dass ein Beteiligter ausgeschieden ist oder dass zwischen den Beteiligten ernstliche Meinungsverschiedenheiten bestehen (§ 183 Abs. 2 Satz 1 AO).

1. Vorgehensweise bei Einzelbekanntgabe
(§ 183 Abs. 2 Satz 2 AO)

Ist nach § 183 Abs. 2 Satz 1 AO Einzelbekanntgabe erforderlich, so sind dem Beteiligten der Gegenstand der Feststellung, die alle Beteiligten betreffenden Besteuerungsgrundlagen, sein Anteil, die Zahl der Beteiligten und die ihn persönlich betreffenden Besteuerungsgrundlagen bekannt zu geben (§ 183 Abs. 2 Satz 2 AO).

2. Berechtigtes Interesse (§ 183 Abs. 2 Satz 3 AO)

Bei berechtigtem Interesse ist dem Beteiligten der gesamte Inhalt des Feststellungsbescheids mitzuteilen (§ 183 Abs. 2 Satz 3 AO).

3. Empfangsbevollmächtigter (§ 183 Abs. 3 AO)

Ist ein Empfangsbevollmächtigter nach § 183 Abs. 1 Satz 1 AO vorhanden, können Feststellungsbescheide ihm gegenüber auch mit Wirkung für einen in § 183 Abs. 2 Satz 1 AO genannten Beteiligten bekannt gegeben werden, soweit und solange dieser Beteiligte oder der Empfangsbevollmächtigte nicht widersprochen hat. Der Widerruf der Vollmacht wird der Finanzbehörde gegenüber erst wirksam, wenn er ihr zugeht (§ 183 Abs. 3 AO).

III. Ehegatten/eingetragene Lebenspartner und Kinder (§ 183 Abs. 4 AO)

Wird eine wirtschaftliche Einheit Ehegatten/eingetragenen Lebenspartnern oder Ehegatten/eingetragenen Lebenspartnern mit ihren Kindern oder Alleinstehenden mit ihren Kindern zugerechnet und haben die Beteiligten keinen gemeinsamen Empfangsbevollmächtigten bestellt, so gelten für die Bekanntgabe von Feststellungsbescheiden über den Einheits- oder Grundsteuerwert die Regelungen über zusammengefasste Bescheide in § 122 Abs. 7 AO entsprechend (§ 183 Abs. 4 AO).

1. Grundsatz: Gemeinsame Bekanntgabe

Es reicht dann für die Bekanntgabe an alle Beteiligten aus, wenn ihnen eine Ausfertigung unter ihrer gemeinsamen Anschrift übermittelt wird (§ 122 Abs. 7 Satz 1 AO).

2. Ausnahme: Einzelbekanntgabe

Die Verwaltungsakte sind den Beteiligten einzeln bekannt zu geben, soweit sie dies beantragt haben oder falls der Finanzbehörde bekannt ist, dass zwischen ihnen ernstliche Meinungsverschiedenheiten bestehen (§ 122 Abs. 7 Satz 2 AO).

Teil 4
Erhebungsverfahren
(§§ 218 ff. AO)

A. Verwirklichung von Steueransprüchen

Ansprüche aus dem Steuerschuldverhältnis (§ 37 AO) müssen nicht nur festgesetzt, sondern auch verwirklicht werden. Hierzu dient das Erhebungsverfahren (§§ 218 ff. AO).

Grundlage für die Verwirklichung der Ansprüche sind Steuerbescheide (§ 155 Abs. 1 AO), Steueranmeldungen (§ 168 AO), Steuervergütungsbescheide (§ 155 Abs. 5 AO), Haftungsbescheide (§ 191 AO) und Verwaltungsakte, durch die steuerliche Nebenleistungen (§ 3 Abs. 4 AO) festgesetzt werden. Säumniszuschläge (§ 240 AO) benötigen keinen besonderen Bescheid, es genügt die Verwirklichung des gesetzlichen Tatbestandes (§ 218 Abs. 1 AO).

B. Fälligkeit

Für die Fälligkeit gibt es verschiedene Regelungen.

I. Fälligkeit nach Steuergesetzen

In bestimmten Fällen richtet sich die Fälligkeit von Ansprüchen aus dem Steuerschuldverhältnis nach den Steuergesetzen (§ 220 Abs. 1 AO). Diese sind insbesondere:

Einkommensteuer	Vorauszahlung	§ 37 EStG
	Abschlusszahlung	§ 36 EStG
	Lohnsteuer	§ 41a EStG
	Kapitalertragsteuer	§ 44 EStG
	Bauabzugssteuer	§ 48a EStG
Umsatzsteuer	Voraus- und Abschlusszahlung	§ 18 UStG
Körperschaftsteuer	Voraus- und Abschlusszahlung	§ 31 KStG
Gewerbesteuer	Vorauszahlung	§§ 19, 21 GewStG
	Abschlusszahlung	§ 20 GewStG
Grunderwerbsteuer		§ 15 GrEStG

II. Fälligkeit in sonstigen Fällen

Fehlt es an besonderen gesetzlichen Regelungen (§ 220 Abs. 1 AO), gilt die Regelung des § 220 Abs. 2 AO.

Für Verbrauchs- und Umsatzsteuer können abweichende Fälligkeiten bestimmt werden (§ 221 AO).

III. Stundung (§ 222 AO)

In Fällen, in denen die Einziehung bei Fälligkeit eine erhebliche Härte für den Steuerschuldner bedeuten würde, können Ansprüche aus dem Steuerschuldverhältnis ganz oder teilweise gestundet werden – dies jedoch nur dann, wenn der Anspruch durch die Stundung nicht gefährdet erscheint (§ 222 Satz 1 AO).

Eine Stundung soll in der Regel nur auf Antrag und – um eine Gefährdung weitestmöglich zu vermeiden – nur gegen Sicherheitsleistung (§§ 241 ff. AO) gewährt werden (§ 222 Satz 2 AO).

1. Stundungsgründe

Hier ist zwischen sachlichen und persönlichen Stundungsgründen zu unterscheiden.

a) Sachliche Stundungsgründe

Sachliche Stundungsgründe sind nicht vom Steuerpflichtigen abhängig.

Fall Laut eingereichten Steuererklärungen wird sich für die Umsatzsteuer eine Erstattung von 2.000 €, für die Einkommensteuer eine Nachzahlung von 1.000 € ergeben. Die Bearbeitung der Umsatzsteuererklärung wird länger dauern als die der Einkommensteuererklärung.

Lösung Das Finanzamt wird für die Einkommensteuernachzahlung eine technische Stundung (Verrechnungsstundung) verfügen.

b) Persönliche Stundungsgründe

Persönliche Stundungsgründe sind beispielsweise länger dauernde Arbeitslosigkeit, unvorhersehbare geschäftliche Verluste oder Krankheit des Steuerpflichtigen.

2. Ausschluss der Stundung

a) Steuer für Rechnung des Steuerpflichtigen

Eine Stundung ist insbesondere dann nicht möglich, soweit ein Dritter (Entrichtungsverpflichteter) die Steuer für Rechnung des Steuerpflichtigen abzuführen hat (§ 222 Satz 3 AO).

> **Beispiel** vom Arbeitgeber einbehaltene Lohnsteuer des Arbeitnehmers.

b) Haftungsanspruch

Auch die Stundung des Haftungsanspruchs gegen den Entrichtungsverpflichteten ist ausgeschlossen, soweit er Steuerabzugsbeträge (z. B. Lohnsteuer auf Arbeitslohn) einbehalten oder Beträge, die eine Steuer enthalten, (z. B. Umsatzsteuer) eingenommen hat (§ 222 Abs. 4 AO).

C. Zahlung, Aufrechnung, Erlass

I. Zahlung

Die §§ 224 ff. AO regeln die Zahlungsmodalitäten, insbesondere Zahlungsort, Zahlungstag (§ 224 AO) und die Reihenfolge der Tilgung (§ 225 AO). Hierbei ist zu beachten, dass der Steuerpflichtige die Reihenfolge selbst bestimmen kann (§ 225 Abs. 1 AO). Trifft er keine Bestimmung, dann tritt die gesetzliche Reihenfolge ein (§ 225 Abs. 2 AO).

II. Aufrechnung (§ 226 AO)

Eine Aufrechnung (§§ 387 ff. BGB) ist grundsätzlich zulässig, es ergeben sich jedoch zum Teil Abweichungen zu den Vorschriften der §§ 387 bis 396 BGB.

Eine Aufrechnung ist insbesondere dann nicht zulässig, wenn die Ansprüche, mit denen aufgerechnet werden soll, durch Verjährung oder Ablauf einer Ausschlussfrist erloschen sind (§ 226 Abs. 2 AO).

Auch kann ein Steuerpflichtiger nur mit unbestrittenen oder rechtskräftig festgesetzten Gegenansprüchen aufrechnen (§ 226 Abs. 2 AO).

Bezüglich weiterer Einzelheiten zur Aufrechnung wird auf AEAO zu § 226 verwiesen.

III. Erlass (§ 227 AO)

Bei im Einzelfall bestehender Unbilligkeit können die Finanzbehörden Ansprüche aus dem Steuerschuldverhältnis ganz oder zum Teil erlassen. Bereits entrichtete Beträge können erstattet oder angerechnet werden (§ 227 AO).

D. Zahlungsverjährung (§§ 228 ff. AO)

Ansprüche aus dem Steuerschuldverhältnis unterliegen der Zahlungsverjährung.

I. Verjährungsfrist

Die Verjährungsfrist beträgt fünf Jahre, in Fällen der § 370 AO (Steuerhinterziehung), § 373 AO (gewerbsmäßiger, gewaltsamer oder bandenmäßiger Schmuggel) oder § 374 AO (Steuerhehlerei) zehn Jahre (§ 228 AO).

II. Beginn der Verjährung (§ 229 AO)

Die Verjährung beginnt grundsätzlich mit Ablauf des Kalenderjahres der erstmaligen Fälligkeit des Anspruchs (§ 229 Abs. 1 Satz 1 AO).

Handelt es sich um einen Anspruch, der festgesetzt oder angemeldet werden muss, so beginnt sie nicht vor Ablauf des Kalenderjahres, in dem die

Festsetzung, ihre Aufhebung, Änderung[83] oder Berichtigung nach § 129 AO wirksam geworden ist (§ 229 Abs. 1 Satz 2 AO).

III. Hemmung der Verjährung (§ 230 AO)

Die Verjährung wird so lange gehemmt, wie der Anspruch wegen höherer Gewalt (beispielsweise Naturkatastrophen, Kriege) innerhalb der letzten sechs Monate der Verjährungsfrist nicht verfolgt werden kann (§ 230 AO).

IV. Unterbrechung der Verjährung (§ 231 AO)

§ 231 AO normiert in abschließender Aufzählung Tatbestände, die die Verjährung unterbrechen.

V. Wirkung der Verjährung (§ 232 AO)

Durch die Verjährung erlöschen nicht nur die Ansprüche aus dem Steuerschuldverhältnis, sondern auch die von ihnen abhängigen Zinsen (§ 232 AO).

E. Verzinsung (§§ 233 ff. AO)

Soweit dies gesetzlich vorgeschrieben ist, werden Ansprüche aus dem Steuerschuldverhältnis verzinst (§ 233 Satz 1 AO).

---

[83] BFH-Urteil vom 18.09.2018, VII R 18/18 – NV – Leitsatz: Wird die Festsetzung der Einkommensteuer geändert, ist im Umfang dieser Änderung auch die mit dem Änderungsbescheid verbundene Anrechnungsverfügung anzupassen, ohne dass bis dahin ggf. abgelaufene Zahlungsverjährungsfristen bezüglich früher entstandener Ansprüche aus dem Steuerschuldverhältnis entgegenstehen (Bestätigung der Rechtsprechung). Eine Teil-Zahlungsverjährung sich aus früheren Steuerbescheiden ergebender Abschlusszahlungen tritt in solchen Fällen nicht ein.

Ansprüche aus steuerlichen Nebenleistungen (§ 3 Abs. 4 AO) und die entsprechenden Erstattungsansprüche werden dagegen nicht verzinst (§ 233 Satz 2 AO).

I. Zinsarten

Die AO kennt für unterschiedliche Tatbestände verschiedene Arten von Zinsen, die sich insbesondere hinsichtlich Zinslauf und Abhängigkeit von der Hauptforderung unterscheiden.

Steuernachforderungs- und -erstattungszinsen	§ 233a AO[84]
Stundungszinsen	§ 234 AO
Hinterziehungszinsen	§ 235 AO
Prozesszinsen auf Erstattungszinsen	§ 236 AO
Zinsen bei Aussetzung der Vollziehung	§ 237 AO

II. Höhe und Berechnung der Zinsen (§ 238 AO)

Die Zinsen betragen 0,5 % pro Monat. Da die Zinsen nur für volle Monate angesetzt werden, bleiben angefangene Monate außer Betracht (§ 238 Abs. 1 AO).

Die jeweilige Steuer ist auf den nächsten durch 50 teilbaren Betrag abzurunden (§ 238 Abs. 2 AO).

III. Verfassungsrechtliche Zweifel

Der Bundesfinanzhof (BFH) zweifelt an der Verfassungsmäßigkeit von Nachzahlungszinsen für Verzinsungszeiträume ab dem Jahr 2015. Er hat daher mit Beschluss vom 25. April 2018[85] in einem summarischen Verfah-

---

[84] Vgl. FN 20.
[85] IX B 21/18.

ren Aussetzung der Vollziehung (AdV) gewährt. Das BMF hat mit Schreiben vom 2. Mai 2015 die vorläufige Festsetzung von Zinsen nach § 233a[86] i. V. m § 238 Abs. 1 Satz 1 AO angeordnet.[87]

IV. Festsetzung der Zinsen (§ 239 AO)

Auf die Zinsen sind die für die Steuern geltenden Vorschriften sinngemäß anzuwenden. Die Festsetzungsfrist beträgt jedoch ein Jahr (§ 239 Abs. 1 Satz 1 AO).

Zu beachten ist, dass der Beginn der Festsetzungsfrist für jede Zinsart geregelt ist (§ 239 Abs. 1 Satz 2 AO).

§ 239 Abs. 2 AO enthält eine Rundungsvorschrift sowie eine Kleinbetragsregelung.

§ 239 Abs. 3 AO regelt die gesonderte Feststellung von Zinsen in den Fällen des § 233a Abs. 2a AO[88] (rückwirkendes Ereignis bzw. Verlustabzug) sowie § 235 AO (Hinterziehungszinsen).

Nach § 239 Abs. 4 AO stehen bei einer Steueranmeldung (§ 168 AO) auch die in dieser festgesetzten Steuernachforderungs- bzw. Erstattungszinsen (§ 233a AO[89]) unter dem Vorbehalt der Nachprüfung (§ 164 AO).

F. Säumniszuschläge (§ 240 AO)

Säumniszuschläge fallen an, wenn bis zum Ablauf des Fälligkeitstags nicht gezahlt wurde (§ 240 Abs. 1 AO). Dies gilt nicht für steuerliche Nebenleistungen (§ 240 Abs. 2 AO).

---

[86] Vgl. FN 20.
[87] Anders jedoch für 2013: BFH-Urteil vom 09.11.2017, III R 10/16: Die Höhe der Nachforderungszinsen (§ 233a Abs. 1 Satz 1 i. V. m. § 238 Abs. 1 Satz 1 AO) für in das Jahr 2013 fallende Verzinsungszeiträume verstößt weder gegen den Gleichheitssatz noch gegen das Übermaßverbot.
[88] Vgl. FN 20.
[89] Vgl. FN 20.

Sie betragen pro angefangenem Monat 1 % des rückständigen Steuerbetrags (dieser ist auf den nächsten durch 50 teilbaren Betrag abzurunden).

Anders als beim Verspätungszuschlag (§ 152 AO) kommt es auf ein Verschulden des Steuerpflichtigen nicht an „so ist ... zu entrichten". Deshalb empfiehlt es sich, rechtzeitig Anträge auf Aussetzung der Vollziehung (§ 361 AO, § 69 FGO), Stundung (§ 222 AO) oder Zahlungsaufschub (§ 223 AO) zu stellen.

Anders als beim Verspätungszuschlag bleiben Berichtigungen, Änderungen oder Aufhebungen ohne Einfluss auf die bisher angefallenen Säumniszuschläge (§ 240 Abs. 1 Satz 4 AO).[90]

Gegebenenfalls ist ein Erlass aus Billigkeitsgründen (§ 227 AO) möglich.[91]

---

[90] Jedoch BFH-Urteil vom 22.11.2017, XI R 14/16: Es entstehen keine Säumniszuschläge, wenn aufgrund einer Anfechtung des Insolvenzverwalters Steuern, die bis zum Ablauf des Fälligkeitstages vom Insolvenzschuldner gezahlt wurden, zurückgewährt werden.

[91] BFH-Urteil vom 18.09.2018, XI R 36/16 – Leitsätze: 1. Säumniszuschläge sind nicht wegen sachlicher Unbilligkeit zu erlassen, wenn der Steuerpflichtige seinen vom Finanzamt zurückgewiesenen Einspruch gegen die teilweise Ablehnung von AdV trotz entsprechender Ankündigung nicht begründet. 2. Ob zum Zeitpunkt der AdV-Versagung ernstliche Zweifel an der Rechtmäßigkeit des angefochtenen Steuerbescheids vorgelegen haben, ist im Billigkeitsverfahren nicht zu überprüfen.

In der Reihe „Fachanwalt Steuerrecht" der Hagen Law School sind weitere Bände erschienen:

Band 1   System, Technik und rechtliche Grundlagen der doppelten
           Buchführung
           Gerhard Nießen

Band 2   Steuerliche Gewinnermittlung aufgrund doppelter
           Buchführung
           Gerhard Nießen

Band 3   Jahresabschlüsse und Bilanzierung im Steuerrecht
           Karel Meyer

Band 4   Steuerliche Sonderbilanzen
           Christian Hahn, Marrie Landt

Band 6   Besteuerungsverfahren II – Korrektur von
           Steuerverwaltungsakten
           Annette Warsönke

Band 7   Haftungsfragen des Steuerrechts
           Daniel Beisel

Band 8   Rechtsbehelfsverfahren nach Abgabenordnung und
           Finanzgerichtsordnung
           Daniel Beisel

Band 9   Steuerliches Bewertungsrecht
           Johannes Rümelin

Band 10   Einkommensteuerrecht I
           Claus Möllenbeck

Band 11   Einkommensteuerrecht II
           Claus Möllenbeck

Band 12   Körperschaft- und Gewerbesteuer
           Felix Kessens

Band 13   Umsatz- und Grunderwerbsteuer
           Johannes Rümelin, Philipp Hammes, Felix Hammes

Band 14   Erbschaft- und Schenkungsteuer
           Judith Mehren, Karsten Lorenz

Band 15   Zölle und Verbrauchsteuer, Internationales Steuerrecht
           Günter Heenen, Ralf Klapdor

Band 16   Steuerstrafrecht
           Norman Lenger-Bauchowitz, Henner Apfel

Die Bücher sind im Shop des Hagener Wissenschaftsverlages unter www.hwv-verlag.de, im Buchhandel und bei Amazon erhältlich.